수원 화성과 정약용

다큐동화로 만나는 한국 근현대사 ❶
수원 화성과 정약용

1판 1쇄 발행 | 2011. 9. 10.
1판 9쇄 발행 | 2021. 11. 17.

이정범 글 | 이용규 그림

발행처 김영사
발행인 고세규
등록번호 제406-2003-036호
등록일자 1979. 5. 17.
주소 경기도 파주시 문발로 197(우10881)
전화 마케팅부 031-955-3100 편집부 031-955-3113-20
팩스 031-955-3111

ⓒ 2011 이정범 · 이용규
값은 표지에 있습니다.
ISBN 978-89-349-5413-2 73900
ISBN 978-89-349-5458-3 (세트)

좋은 독자가 좋은 책을 만듭니다. 김영사는 독자 여러분의 의견에 항상 귀 기울이고 있습니다.
전자우편 book@gimmyoung.com | 홈페이지 www.gimmyoungjr.com

이 책의 사진은 해당 사진의 저작권자의 허락을 받아 실었습니다.
저작권자를 찾지 못해 게재 허락을 받지 못한 사진은 추후라도 허가를 받겠으니 연락 바랍니다.

어린이제품 안전특별법에 의한 표시사항
제품명 도서 제조년월일 2021년 11월 17일 제조사명 김영사 주소 10881 경기도 파주시 문발로 197
전화번호 031-955-3100 제조국명 대한민국 ⚠ 주의 책 모서리에 찍히거나 책장에 베이지 않게 조심하세요.

다큐동화로 만나는 한국 근현대사 · ①

수원 화성과 정약용

이정범·글 이용규·그림

주니어김영사

머리말

아직은 근현대사가 낯선 어린이들에게

　이 책은 '다큐 동화로 만나는 한국 근현대사' 시리즈의 첫 권입니다. 어린이들에게는 다큐 동화라는 말이 낯설게 여겨질지도 모르겠습니다. 여기에서 '다큐'란 다큐멘터리의 줄임말로 글이나 사진, 영상물 등으로 남겨진 사실적인 기록을 뜻하며 '기록 문학'이란 말과 비슷한 용어입니다. 그러니까 다큐 동화는 '사실적인 기록에 바탕을 두어 동화처럼 꾸며 낸 이야기'라고 볼 수 있습니다.

　모두 15권으로 이뤄진 이 시리즈는 우리나라 근대와 현대를 움직였던 인물을 중심으로 가까운 과거의 이야기를 정리한 역사책입니다. 따라서 우리 부모님과 조부모님, 더 나아가서는 증조부모님이나 고조부모님이 어렸을 때의 나라 사정이 어땠는지, 그분들이 어떻게 지금과 같은 사회를 만들었는지 이 시리즈를 통해 생생하게 느낄 수 있으리라 봅니다.

　근현대사는 고조선, 삼국 시대, 고려, 조선 시대의 역사보다 훨씬 실감 나며 현대 사회에 직접적인 영향을 주고 있습니다. 그래서 국사 교과서를 보더라도 근현대사가 고대사와 중세사를 합친 것만큼의 비율을 차지할 정도로 중요하게 다뤄집니다. 다만 가까운 과거의 이야기이다 보니 역사적인 평가를 내리는 일이 여간 까다롭지 않습니다. 똑같은 사실을 두고도 그것을 보는 사람들의 이념과 입장에 따라 크게 다르거나 아예 정반대로 해석하는 일도 많습니다.

이 시리즈는 우리나라 국민의 자유와 평등, 정의로운 사회, 민주주의, 그리고 자주독립과 민족 통일을 위해 애쓴 분들을 각 권의 중심인물로 다루었습니다. 미처 소개하지 못한 분들도 많이 있지만 여기에 등장하는 인물만으로도 우리 근현대사의 흐름을 한눈에 살펴보기에 충분할 것입니다.

　첫 권의 주인공은 정약용과 정조 임금입니다. 조선 후기의 개혁과 실학을 대표했던 두 사람의 만남과 생애를 중심으로, 실학이 유행하고 서학이 들어와 소용돌이치던 당시 사회의 모습을 그리고 있습니다.

　이 책을 읽으면서 정조는 무슨 이유로 수원 화성을 건설하려고 했는지, 정약용은 왜 18년 동안 유배를 당했는지, 그가 남긴 수백 권의 저서와 사상, 그의 생애는 오늘날 어떤 의의를 가지고 있는지 생각해 보고 느낄 수 있기를 바랍니다.

2011년 8월, **이정범**

차례

억울한 귀양살이 _9
지식의 폭을 넓히는 역사 수첩 _ 4색 당파와 영조의 탕평책

작은 산이 큰 산을 가리니 _22
지식의 폭을 넓히는 역사 수첩 _ 정약용의 대표적인 책, 1표 2서

사도 세자 _32
지식의 폭을 넓히는 역사 수첩 _ 왕은 죽은 뒤에 이름을 얻는다

정조와 정약용의 만남 _46
지식의 폭을 넓히는 역사 수첩 _ 과거 시험의 종류

천주교인들의 뜨거운 활약 _56

세계 최초의 계획 도시, 화성 _70
지식의 폭을 넓히는 역사 수첩 _ 실학과 정약용

정조의 화성 행차 _94
지식의 폭을 넓히는 역사 수첩 _ 궁궐의 종류

시련의 나날들 _105
지식의 폭을 넓히는 역사 수첩 _ 천주교 4대 박해

신유박해와 황사영 백서 사건 _118
지식의 폭을 넓히는 역사 수첩 _ 사형만큼 무거운 형벌인 유배형

복사꽃 활짝 핀 봄 _134
지식의 폭을 넓히는 역사 수첩 《자산어보》

깊이를 더하는
역사 수업 ▶세계 문화유산, 수원 화성

01. 억울한 귀양살이

1801년 2월, 꽃샘추위가 매서운 초봄이었다.

국청에 끌려나온 정약용에게 심문관이 물었다. 정약용은 포승줄에 묶인 채 무릎을 꿇고 있었다.

"죄인 정약용은 듣거라. 그대가 천주교의 무리들과 함께 역모를 일으키려고 한 죄를 인정하느냐?"

영의정을 비롯한 대신들이 정약용의 대답을 기다렸다. 정약용은 한동안 입을 다문 채 대신들을 한 사람씩 둘러보았다. 떨고 있는 모습을 보이지 않으려고 했지만 마음이 떨리는 건 어쩔 수가 없었다.

숨을 가다듬고 난 정약용이 대답했다.

"저도 전하의 하늘 같은 은혜를 입은 백성입니다. 이런 제가 어찌 나라에서 금하는 천주교에 마음을 두겠습니까?"

국청 | 나라의 큰 죄인을 심문하기 위해 임시로 설치한 관청.

"가소롭구나! 네 집에서 서학과 관련된 문서가 수없이 발견되었는데 어찌 발뺌하려는 것이냐?"

심문관이 다그치자 정약용도 당당하게 대꾸했다.

"그 많은 서학 문서들 중 제가 천주교를 받아들였다는 증거가 될 만한 게 하나라도 있다면 이 자리에서 목숨을 내놓겠습니다."

"그래? 그렇다면 네 형인 약종은 어찌 된 셈이냐?"

정약용은 문득 셋째 형, 정약종의 일이 걱정스러웠다.

정약종은 다른 형제들보다 가장 늦게 천주교를 알게 되었으면서도 누구보다 믿음이 깊었다. 그래서 정약용을 체포한 관리들은 그가 셋째 형을 따라 천주교인이 되었다며 죄를 뒤집어씌우려 했던 것이다.

"그 일은 모르겠습니다. 하지만 형의 잘못으로 저까지 죽어야 한다면 마땅히 받아들이겠습니다."

정약용을 심문하던 관리들은 할 수 없이 그를 다시 옥에 가두었다. 아무리 뒤져 보아도 정약용이 천주교를 믿었다는 증거가 나오지 않은 까닭이었다. 하지만 그들은 어떻게 해서든 정약용의 목숨을 빼앗을 작정이었다. 그래서 이틀이 지난 뒤, 두 번째 심문을 했다.

이때 저잣거리에서는 체포된 천주교인들 중 이가환, 이승훈, 정약용 등 세 사람은 결코 사형을 면치 못할 것이라는 소문이 떠돌고 있었다. 그런 소문이 아니더라도 정약용은 자신의 목숨이 위험스럽다는 것을 직감했다. 하지만 목숨을 구하려 애원할 마음은 없었다.

정조에 이어 어린 국왕 순조가 즉위한 지 얼마 지나지 않아서였다. 갑자기 천주교 금지령이 내려지면서 세상이 뒤숭숭해졌다. 그때 정약용의 주변 사람들이 다급히 말했다.

▲ 장기 향교 | 정약용의 유배지인 장기현에 자리 잡고 있는 장기 향교.

"여보게, 자네 형제들을 잡으러 의금부에서 사람을 보냈다네. 빨리 피하게. 우리가 자네들이 숨어 지낼 곳을 마련해 놓았으니 다른 걱정은 하지 말고 어서 떠나게!"

이에 정약용은 아무렇지도 않다는 듯 대답했다.

"죄가 있다면 벌을 받는 게 마땅한 일 아닌가. 아무 잘못도 없이 도망을 간다면 그게 오히려 의심스럽겠네. 설사 그들이 나를 모함해 죽인다 해도 비겁하게 도망가진 않을 거야."

정약용을 체포한 의금부는 두 차례나 심문하고도 이렇다 할 잘못을 발견하지 못했다. 그렇다면 죄인을 석방하는 게 마땅했다.

"정약용에게는 아무런 죄가 없으니 그냥 풀어 주는 게 좋겠소."

그의 집에서 책과 문서들을 샅샅이 뒤져 살펴보았던 관리가 말했다. 하지

의금부 | 반역죄 등 국가의 큰 사건을 맡아 죄인을 체포하고 심문하는 관청.

만 정약용을 눈엣가시처럼 여기던 세력들은 길길이 날뛰었다.

"그 자를 살려 두다니! 그건 절대로 안 될 일이오."

"하지만 명백한 증거도 없이 처벌할 수는 없잖소?"

"그렇다고 그 자를 풀어 준다면 두고두고 골칫거리가 될 것이오."

이와 같이 정약용의 반대파들은 어떻게 해서든 그에게 죄를 뒤집어씌우려 했다.

"사형이 어렵다면 유배형을 내립시다."

마침내 정약용과 그의 둘째 형 정약전은 체포된 지 19일째 되던 날 유배형을 받았다.

정약전은 남해안의 신지도, 정약용은 지금의 경상북도 포항 지역인 장기현으로 각각 유배지가 정해졌다. 하지만 정약용의 셋째 형 정약종은 사형 선고를 받고 같은 날 목숨을 잃었다.

▲ 정약종의 초상

겨우 목숨을 구한 정약전과 정약용 형제는 정약종과 마지막 인사도 나누지 못한 채 서로 다른 유배지로 끌려가게 되었다. 두 사람 또한 그저 눈으로만 작별 인사를 건넸다. 가슴이 너무나 아픈 나머지 눈물도 나오지 않았다.

이처럼 천주교는 조선에 전해질 무렵, 여러 차례 위기를 맞았다. 그중 천주교인이 크게 희생당한 네 가지 박해를 '4대 박해'라 부르고 있다.

서울을 떠난 지 며칠 만에 장기현에 도착한 정약용은 바닷가 근처 한 초가집에서 귀양살이를 시작했다. 금방이라도 쓰러질 것 같은 그 집은 천장이 낮은 데다 방이 무척 좁았다. 그래서 정약용은 자리에서 일어날 때마다 머리를 천장에 부딪혔고 겨우 다리를 뻗어 누울 수 있었다.
　정약용은 언제 귀양살이에서 풀려날지, 그때까지 살아 있다면 아내와 자식들, 수많은 친구들을 다시 만날 수 있을지 조금도 짐작할 수 없었다.
　그렇다면 정약용은 왜 억울한 누명을 쓰고 귀양살이를 하게 되었을까? 그 이유를 알기 위해서는 정약용이 태어나 성장할 무렵, 나라 안팎의 사정을 먼저 살펴볼 필요가 있다.
　정약용이 태어난 1762년(영조 38년)의 일이다.
　조선의 제21대 국왕인 영조는 능력 있는 인재를 고루 등용시키는 탕평책을 써서 왕권을 안정시켰다. 따라서 노론과 소론, 시파와 벽파 등으로 나뉘어 세력을 다투던 관리와 유학자들의 당쟁도 어느 정도 잠잠해졌다.
　1749년, 건강이 좋지 않았던 영조는 아들 사도 세자에게 나라의 일을 대신 맡겼다. 열다섯 살이었던 세자는 의욕적으로 나라를 이끌어 나갔다. 모르는 일이 있거나 중요한 결정을 내릴 때는 아버지에게 의견을 물어보면서 국왕이 해야 할 일들을 차츰 배웠다.
　그렇게 13년이 지났을 때였다. 한동안 잠잠했던 당쟁이 슬그머니 시작되었다. 이때만 해도 노론 세력이 큰 힘을 가지고 있었다. 하지만 사도 세자는 노론과 경쟁하던 소론들과 뜻을 같이했다. 그래서 노론은 세자가 임금이 될 경우 자신들의 세력이 크게 약해질 것으로 보고 대책을 마련하기 시작했다.

결국 노론은 사도 세자가 왕위에 오르는 것을 막으려고 했으며 세자의 잘못을 사사건건 영조에게 고해바쳤다.

"전하, 어제 세자 저하가 아무 잘못도 없는 궁녀의 목숨을 앗아 갔다 하옵니다."

"요즘 세자 저하의 방탕한 생활이 지나치다는 비판이 나오고 있습니다. 통촉하여 주시옵소서."

이렇게 노론이 세자의 잘못을 알리는 상소를 거듭 올리자 영조는 미심쩍어 하면서 세자를 불렀다.

"요즘 듣자 하니 네 잘못을 고하는 말이 많다. 대체 어찌된 셈이냐?"

"아바마마, 그것은 거짓 모함일 뿐입니다. 그들의 간악한 흉계에 넘어가지 마십시오."

처음에는 세자의 말을 믿었던 영조도 사도 세자의 잘못을 비판하는 상소가 계속 이어지자 차츰 의심이 들었다. 그러던 중 노론 세력인 형조 판서, 윤급 등의 지시를 받은 나경언이라는 사람이 세자의 잘못 열 가지를 적어 상소를 올리는 사건이 일어났다.

"세자 저하는 세자빈이신 혜경궁 홍씨를 죽이려 했으며, 궁궐의 법도를 어지럽혔습니다. 뿐만 아니라 몰래 궁궐을 빠져나가 평양까지 놀러 갔습니다. 더욱 놀라운 일은 세자 저하가 관군들을 모아 역모를 일으키려 한다는 소문이 돌고 있다는 것입니다……."

나경언의 상소를 읽던 영조는 얼굴이 하얗게 질리고 말았다. 온몸을 부들부들 떨던 영조가 크게 외쳤다.

"여봐라! 당장 세자를 잡아들여라!"

그 한마디로 궁궐 안팎은 발칵 뒤집어졌다. 이미 앞뒤 사정을 알고 있던 세자는 순순히 영조 앞으로 나가 머리를 숙였다.

"아바마마, 부르셨나이까?"

"네 이놈! 이 상소가 사실이렷다? 감히 애비를 몰아내고 역모를 꾀한단 말이냐!"

"아바마마, 그럴 리가 있겠습니까? 그것은 모두 소자를 끌어내리기 위한 모함입니다."

"듣기 싫다! 군사를 끌어들여 나를 쫓아내고 임금이 되겠다? 네가 무엇이 급해 나를 몰아내려 한단 말이냐?"

영조는 하늘을 찌를 듯 분노했다.

"태양이 두 개일 수 없듯이 한 나라의 임금은 오직 한 사람이다. 세자는 왕실을 더럽히고 내 자리까지 함부로 넘보려 했으니 죽어 마땅하다."

"아바마마, 이것은 모함이라 하지 않았습니까? 지금이라도 이따위 상소를 올린 자를 불러 주십시오. 그 자가 누구의 지시를 받고 소자를 모함하는 것인지 확인해 주십시오."

가까스로 분노를 가라앉힌 영조는 즉시 나경언을 불러들이도록 했다. 결국 나경언은 노론의 지시를 받아 세자를 모함했다는 사실을 실토한 뒤 사형당했다.

그렇다고 세자의 죄가 가벼워진 것은 아니었다. 영조는 관리와 유학자들의 당쟁으로 나라 전체가 흔들리는 것을 원하지 않았다. 하지만 세자를 그냥 놓아둘 경우 권력을 차지하려는 남인과 이미 가지고 있는 권력을 빼앗기지 않으려는 노론이 계속 싸울 것으로 판단했다. 영조는 할 수 없이 세자를 폐위시키고 스스로 목숨을 끊을 것을 명했다.

폐위 |왕이나 왕비, 세자의 지위를 빼앗는 것.

이때 채제공이 죽음을 무릅쓰고 영조에게 말했다.

"전하, 세자 저하를 폐위시키는 것은 옳지 않습니다. 당장 말씀을 거두어 주십시오."

누구도 숨소리조차 낼 수 없었던 그 순간에도 채제공은 굽힘이 없었다. 그는 남인 세력의 지도자였으며 올곧은 마음과 청렴한 자세로 칭송 받던 명재상이었다. 이산(정조)이 세손으로 있을 때 학문을 가르친 것이 인연이 되어 훗날 왕의 스승이며, 나라의 재상으로 큰 역할을 했던 인물이기도 했다.

"듣기 싫다. 당장 저 놈을 폐위시키고 칼을 내려라."

영조는 이렇게 말했지만 채제공의 말대로 세자를 폐위시키지는 않았다. 세자를 폐위시킨다면 세손인 이산에게 왕위를 물려주는 게 힘들어지기 때문이다. 하지만 스스로 목숨을 끊으라는 명령은 거두지 않았다. 마침내 세자가 어명에 따라 목숨을 끊으려고 하자 이번에는 내의원들이 달려와 뜯어말렸다.

"세자 저하, 그리해서는 안 됩니다. 어찌 주상 전하께 불효를 저지르려 하십니까?"

내의원들의 가장 중요한 임무는 왕을 비롯해 왕족들의 목숨을 구하는 것이었다. 그래서 세자가 죽는 것을 반드시 막아야만 했다. 어명을 어겨서 죽든 세자의 목숨을 구하지 못해서 죽든, 죽는 것은 똑같았기 때문이다. 하지만 세자가 자결하지 못했다는 이야기를 들은 영조는 궁궐이 떠나갈 것처럼 화를 냈다.

"세자의 목숨이 끊어질 때까지 뒤주 속에 가둬라!"

그 명령은 내의원들도 말릴 수가 없었다. 결국 사도 세자가 뒤주 속으로 들어가자 영조는 뒤주의 문짝에 큰못 여러 개를 박은 뒤 군사들에게 지시했다.

"이 앞으로 개미 새끼 한 마리 얼씬하지 못하도록 하라. 만약 명을 어기는

뒤주 |쌀이나 곡식을 담아 두는 나무 궤짝.

▲ **사도 세자의 융릉** |현재 경기도 화성시 안녕동에 위치해 있는 사도 세자의 무덤. 훗날 왕비인 현경 왕후도 같이 합장되었다.

자가 있으면 그 자리에서 목을 베어라."

 이리하여 누구도 감히 세자를 살려 달라는 청을 할 수가 없었다. 오직 한 사람, 세자의 열 살 먹은 아들 이산만이 땅에 엎드려 아버지를 살려 달라고 울부짖었다. 이때는 승정원에서 으뜸 벼슬을 지내던 도승지, 채제공조차 힘을 쓸 수 없는 지경이었다.

 "할바마마, 제 아비를 살려 주소서. 제 아비를 살려 주소서."

 하지만 영조는 손자의 애끓는 청도 모른 체하며 아들을 죽게 내버려 두었다. 결국 사도 세자는 뒤주에 갇힌 지 8일 만에 목숨을 잃었다.

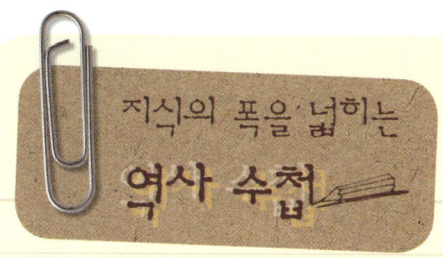

4색 당파와 영조의 탕평책

조선 시대의 지배 계층이 서로 편을 갈라 세력을 겨루기 시작한 것은 임진왜란 직전인 1588년 무렵이었다. 이때부터 동인과 서인을 시작으로 동인에서 비롯된 남인과 북인, 서인에서 비롯된 노론과 소론 등이 수많은 사화를 일으켰다. 사화란 선비들이 화를 입는 사건을 말하는데 권력을 쥔 당파에서 상대편을 죽이거나 귀양을 보내는 것으로 일단락되고는 했다.

이런 당쟁은 영조가 즉위하기 전부터 계속 이어져 온 것으로 그 무렵의 주요 당파는 남인, 북인, 노론, 소론 등 네 가지로 나뉘었기에 이를 '4색 당파'라고 부른다. 그러다가 노론은 다시 시파와 벽파로 나뉘게 되었다. 영조는 끝없는 당쟁으로 왕권이 약해지고 나라가 발전할 수 없음을 깨닫고 즉위한 뒤 탕평책을 펴 나갔다. '탕평'이란 어느 쪽에도 치우치지 않고 강력한 왕권을 지키는 것을 뜻하는 말이다. 탕평책으로 정치가 안정되면서 조선은 세종 이후 문예 부흥기를 맞을 수 있었다. 그래서 영조와 정조의 시대를 '조선의 르네상스 시대'라고 부르기도 한다. 하지만 탕평책에도 아랑곳없이 당쟁의 불씨는 여전히 남아 있었다. 영조가 아들 사도 세자를 뒤주에 가둘 수밖에 없었던 것도 그 때문이었다. 수많은 위기를 겪으며 겨우 즉위한 정조 또한 할아버지의 탕평책을 이어받아 인재를 고르게 등용했지만 당쟁을 완전히 뿌리 뽑지 못한 채 세상을 뜨고 말았다. 결국 노론의 반격으로 신유박해 같은 비극이 일어났다.

▲ 탕평비
1742년, 조선 영조 때 유학생들이 어느 쪽에도 치우치지 않는 군자의 도를 익힐 수 있도록 훈계하는 뜻에서 세운 비석.

02. 작은 산이 큰 산을 가리니

이처럼 서글픈 사건이 일어나던 해에 경기도 남양주에서는 한 아이가 태어났다. 훗날 시인이며 실학을 집대성하여 위대한 학자로 불리게 될 정약용이었다. 그가 태어난 곳은 지금의 남양주시 조안면 능내리로 흔히 '마재'라고 부르는 곳이다.

정약용의 아버지 정재원은 한때 영조의 부름을 받아 벼슬살이를 했다. 그러다가 사도 세자가 뒤주에 갇혀 죽는 사건이 일어나자 벼슬살이에 흥미를 잃었다. 그는 사도 세자를 편들었던 남인의 한 사람이었다. 더 이상의 당쟁에 휘말리고 싶지 않았던 정재원은 마재로 내려가 조용히 지내며 아들 형제들을 직접 가르치기 시작했다.

정재원은 결혼을 세 번이나 해야만 했다. 첫째 부인은 장남 정약현을 낳은 뒤 병을 얻어 세상을 떠났고 둘째 부인인 해남 윤씨도 정약전과 정약종, 정약

용 삼형제와 정약용의 친누나를 낳고 세상을 떠났다. 정약용의 나이 아홉 살 때의 일이었다. 그 뒤 정재원이 세 번째 결혼한 부인은 정약용의 막내 동생인 정약황을 낳았다.

어린 나이에 친어머니를 잃게 된 정약용은 처음에는 맏형수에게 많은 보살핌을 받고 자랐다. 맏형수가 어머니 구실을 했던 셈이다. 그러다가 셋째 어머니인 잠성 김씨가 시집 온 뒤로는 그 분을 친어머니처럼 여겼다. 정약용은 나중에 셋째 어머니가 세상을 떠났을 때 직접 묘지명을 써서 길러 주신 은혜에 감사를 드렸다.

정약용에게는 형제들 말고도 다섯 명의 누나와 누이동생이 있었다. 이 가운데 한 누나는 조선 최초로 세례를 받은 이승훈에게 시집을 갔다. 그런가 하면 조선 천주교의 창립자 중 한 사람인 이벽은 약용의 큰 형, 정약현의 처남이기도 했다.

어머니를 잃은 정약용은 걸핏하면 밖으로 돌아다녔다. 그는 물끄러미 먼 산을 바라보기도 했고 때로는 시름에 잠긴 채 하늘을 올려 보기도 했다. 계절이 바뀔 때면 산과 들이 어떻게 바뀌는지 살피러 자리를 떴다. 그렇게 해서라도 어머니를 잃은 슬픔을 달래고 싶었기 때문이다.

정약용은 공부뿐만 아니라 동네 아이들과 어울려 놀기도 좋아해 가마 놀이, 닭싸움, 비석 치기, 자치기, 활쏘기 등 못하는 놀이가 없었다. 그러다가 가끔 다른 집의 장독을 깨기도 했다. 그래서 마재 사람들은 정약용을 가리켜 '말썽꾸러기 도련님'이라며 혀를 차고는 했다. 하지만 아버지는 정약용을 심하게 나무라지 않았다. 친어머니를 잃은 정약용을 가엾게 여겼기 때문이다.

그러던 어느 날, 정약용은 탐스럽게 자란 호박에 말뚝을 박아 보았다. 말뚝이 호박 속으로 푹 들어가는 게 제법 재미있었다. 그래서 여러 개의 호박에

묘지명 |묘지의 비석에 돌아간 이의 공덕을 새긴 글.

다 말뚝을 박으면서 종일 놀았다.

그날 저녁, 호박밭의 주인이 말뚝 박힌 호박들을 발견했다.

"쯧쯧! 그 말썽꾸러기 도련님이 한 짓이로군. 대체 이걸 어쩌누?"

호박밭 주인은 속이 무척 상했지만 차마 정약용의 아버지에게 말을 할 수가 없었다. 이렇게 누구도 말리는 사람이 없자 정약용의 장난은 더욱 심해져서 날마다 호박에 말뚝 박는 데 재미를 붙였다.

그 이야기는 얼마 지나지 않아 아버지의 귀에까지 들어갔다.

"약종아, 어서 네 아우를 불러오너라."

아버지가 정약용의 셋째 형에게 말했다.

정약용은 기가 죽은 채 사랑방으로 들어갔다.

"네 이놈! 호박이 네 놈이 가지고 노는 장난감이더냐?"

아버지가 호통을 치자 정약용은 몹시 겁이 났다. 아버지가 그처럼 화를 내는 모습은 처음 보았기 때문이다.

"아버지, 잘못했습니다. 다, 다시는 그런 짓을 하지 않겠습니다."

"농부들이 농사를 짓기 위해 얼마나 많은 땀을 흘리고 애를 쓰는지 생각해 보아라. 단 한 번이라도 그런 생각을 했다면 어찌 그처럼 못된 장난을 저지를 수 있었겠느냐?"

"큰 잘못을 저질렀습니다, 아버지. 다시는……."

"냉큼 종아리 걷어라!"

정약용은 종아리에 피멍이 맺히도록 매를 맞았다.

"앞으로 네가 과거에 급제하고 벼슬을 할 때도 마찬가지다. 결코 다른 사람을 괴롭히거나 그들의 원망을 사서는 안 되느니라."

이 일로 크게 깨달은 정약용은 그날 이후로 평생 동안 다른 사람들에게

▲ 홍문관 | 사헌부, 사간원과 함께 언론의 역할을 했던 기구.

피해 주는 일을 하지 않았다.

정약용은 이렇게 짓궂게 놀았으면서도 틈나는 대로 책을 읽고 시를 쓰는 일에 힘을 기울였다. 공부에 집중하다 보면 돌아가신 친어머니 생각을 잊을 수 있었기 때문이다.

원래 정약용의 집안은 대대로 학문을 소중히 여기는 가문이었다.

"약용아! 우리 집안은 옛날부터 팔대 옥당 가문으로 불려 왔다."

어느 날 정약용에게 글을 가르치던 아버지가 말했다.

"아버지, 옥당이라는 게 뭡니까?"

"옥당이란 홍문관을 이르는 말이다. 조정에서 오가는 모든 문서를 관리하고 또 주상 전하께 자문을 하는 관청이 바로 홍문관이다. 네 선조들께서는 8

대에 이르기까지 이 홍문관에 들어가 일을 하셨다. 그만큼 학문이 깊고 벼슬이 높았다는 뜻이다."

하지만 정약용의 아버지와 할아버지는 일부러 과거 시험을 보지 않았다. 관리가 되어 당쟁에 휘말리는 게 싫었기 때문이다. 그래도 정약용의 아버지는 팔대 옥당 가문의 후손답게 학문이 높고 성품이 올곧았다. 그래서 영조는 과거를 치르지도 않은 그에게 여러 벼슬을 내렸던 것이다.

이런 가풍 덕분인지 정약용의 형제들도 어릴 때부터 글재주가 뛰어났다. 그중에서도 정약용의 글솜씨가 단연 돋보였다.

정약용이 일곱 살 때의 일이다.

"아버지, 제가 시 한 수를 지었습니다. 한번 들어 보시겠습니까?"

아버지가 기특하다는 듯 대꾸했다.

"허허허! 네가 벌써 시를 지었단 말이냐? 그래 어서 읊어 보거라."

정약용은 자랑스럽게 시를 읊었다.

작은 산이 큰 산을 가리니
가깝고 먼 곳이 같지가 않네.

아들의 시를 듣고 난 아버지가 고개를 끄덕이며 물었다.

"약용아, 작은 산이 큰 산을 가린 것으로 멀고 가까움을 알 수 있단 말이지?"

"그렇습니다, 아버지. 작은 산이 가깝게 있으면 멀리 있는 큰 산도 가릴 수 있으니 그것으로 가깝고 먼 곳을 알 수가 있습니다."

"듣고 보니 네 말이 옳구나."

정재원은 무엇이든 꼼꼼히 살피고 그 이치를 깨닫는 정약용이 나중에 훌륭한 학자가 될 것으로 여겼다. 정약용의 글솜씨 또한 남다르다는 것을 느꼈다. 그래서 그는 정약용이 틈틈이 지은 시들을 모아 《삼미자집》이라는 시집을 만들어 주었다. 정약용이 열 살도 되기 전의 일이다. 나중에 정약용이 조선 후기의 가장 훌륭한 학자로 손꼽힌 데에는 이런 남다른 재주와 아버지의 끊임 없는 관심도 한몫을 했다.

그는 《목민심서》, 《흠흠신서》, 《경세유표》를 비롯해 500여 권이나 되는 책을 펴냈다. 한자가 생긴 뒤로 정약용처럼 많은 책을 펴낸 학자는 없었으며 나중에 다산이라는 그의 호를 따서 '다산학'이라는 말이 따로 생길 정도였다고 한다.

정약용에게는 다산, 삼미, 여유당, 사암, 자하도인 등 호가 많았다. 지금은 전해지지 않고 있는 《삼미자집》은 '눈썹이 세 개인 사람이 지은 시집'이라는 뜻이다. 그렇다면 '삼미'라는 호는 왜 생겼을까?

정약용은 일곱 살 때 마마라고 하는 천연두를 앓았다. 그때만 해도 천연두는 목숨을 잃을 만큼 위험한 전염병이었다. 이 병에 걸렸던 정약용은 며칠이나 크게 앓고 난 뒤 겨우 살아났다.

"허허허, 이 녀석! 다 죽은 줄 알았더니 이제 정신이 드느냐?"

아버지가 정약용의 머리를 쓰다듬으며 기뻐했다.

"아버지, 제가 며칠 동안 이렇게 누워 있었나요?"

"벌써 사나흘은 되었다. 그런데 가만있어 보거라. 아직 얼굴에 생긴 곰보 딱지가 떨어지지 않았구나. 괜히 긁지 말고 놓아두어라."

아버지의 말대로 정약용의 얼굴에는 몇 군데 딱지가 생겨났다. 천연두를 앓게 되면 높은 열이 피부를 뚫고 나오는데 이때 상처가 나면서 딱지가 앉게 되는 것이다.

며칠 지나서야 정약용의 곰보 딱지는 떨어져 나갔다. 그런데 하필이면 가장 큰 딱지가 한쪽 눈썹의 가운데에 앉고 말았다. 이 때문에 그의 눈썹은 세 개처럼 보였다. 그때 아버지가 우스갯소리를 했다.

"허허, 그것참 고약하게 되었구나. 네 눈썹이 세 개로 늘어났으니 이젠 삼미라고 불러야겠다."

아버지의 말에 정약용은 얼굴을 붉혔다. 그런데 그 말이 퍼지면서부터 정약용은 본명보다 삼미라는 별명으로 불릴 때가 많았다.

"삼미야, 놀자."

"삼미는 눈썹이 세 개라 좋겠네……."

정약용의 친구들은 이렇게 놀리고는 했다.

하지만 정약용은 그런 놀림을 받는 게 조금도 부끄럽지 않았다. 목숨을 빼앗길 만큼 지독한 천연두를 이겨 냈으니 그 정도 상처는 오히려 자랑스러운 흔적이었다.

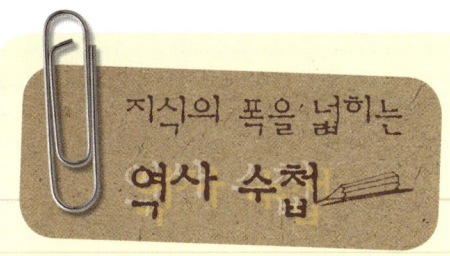

정약용의 대표적인 책, 1표 2서

정약용의 수많은 저서 중 대표적으로 손꼽히는 세 권을 가리켜 '1표 2서'라고 부른다. 《경세유표》, 《목민심서》, 《흠흠신서》가 바로 그것이다.

《목민심서》는 지방관의 몸가짐과 마음가짐을 일깨워 주고, 백성이 잘 살 수 있는 길을 가르쳐 주는 내용을 담고 있다. 정약용이 쓴 책들 가운데 으뜸으로 손꼽히며 특히 이 책이 주목을 받는 것은 정약용이 백성을 바라보는 태도에 있다. 책의 제목을 '목민'이라 한 것도 '목동이 양떼를 다루듯 백성을 올바르게 이끌어 주어야 한다'는 뜻에서 나온 것이다.

《흠흠신서》는 범인을 수사하고 옳고 그름을 정확하게 가려내 형벌을 줄 때 필요한 원칙을 담고 있다. 여기에서 '흠흠'이란 말은 어떤 결정을 앞두고 걱정하는 모습을 나타낸다. 즉 어떤 죄인을 재판할 때 여러 가지로 따져서 제대로 벌을 주라는 뜻이 담겨 있다. 특히 살인 사건이 일어났을 때는 더욱 세심한 판단이 필요하다.

《경세유표》는 정약용이 1817년에 지은 책으로 원래 제목은 《방례초본》이었다. 여기에서 '경세'라는 말은 '세상을 운영한다'는 뜻을 가지고 있다. 이런 뜻과 같이 정약용은 나라를 다스리는 바탕을 세워 새롭게 일으키려는 목적으로 《경세유표》를 지었다.

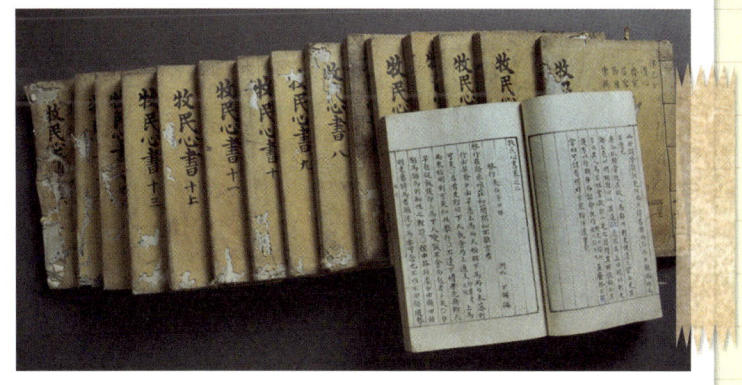

▲ 《목민심서》
정약용이 유배 생활하는 동안 쓴 책으로 백성을 다스리는 도리에 대해 말하고 있다.

03. 사도 세자

한편 정약용이 열네 살 되던 무렵, 사도 세자의 아들 이산이 할아버지 영조에 이어 왕위에 올랐다. 영조는 세상을 떠나기 전까지 사도 세자를 뒤주에 가두어 죽게 한 일을 두고두고 후회했다. 그래서 세자가 죽은 뒤에 '아들의 죽음을 애도한다'는 뜻으로 '사도'라는 이름을 내리고 '사도 세자'로 부르게 했다. 그러면서 사도 세자의 아들이며 자신의 손자인 이산을 누구보다 귀여워했다.

하지만 이산은 임금이 되기 전까지 불안한 세월을 보내야만 했다. 사도 세자를 죽게 했던 세력들이 호시탐탐 이산의 목숨까지 노렸기 때문이다. 그런데다 영조도 손자가 과연 임금이 될 만한 그릇인지 궁금할 때가 많았다. 그래서 틈만 나면 세손을 시험해 보고는 했다.

그러던 어느 날이었다. 영조가 늠름한 청년으로 자라난 세손을 불렀다.

세손 |왕위를 이어받을 왕의 맏손자.

"할바마마, 부르셨나이까?"

이산이 할아버지 앞으로 나가 큰절을 드렸다.

"오냐. 너는 요즘 무슨 책을 읽고 있느냐?"

할아버지의 갑작스러운 물음에 이산은 잠시 머뭇거리다 대답했다.

"《강목》을 읽고 있는 중입니다."

《강목》이란 중국 송나라 때 완성된, 모두 59권의 역사책인《자치통감강목》을 줄여서 부르는 말이다.

"《강목》을 읽고 있단 말이지? 한데 그 책 넷째 권에는 내가 달가워하지 않는 대목이 한 가지 있다. 넌 그것을 어찌 생각하느냐?"

이산은 할아버지가 무슨 뜻으로 그런 질문을 하는지 금세 알아차렸다.

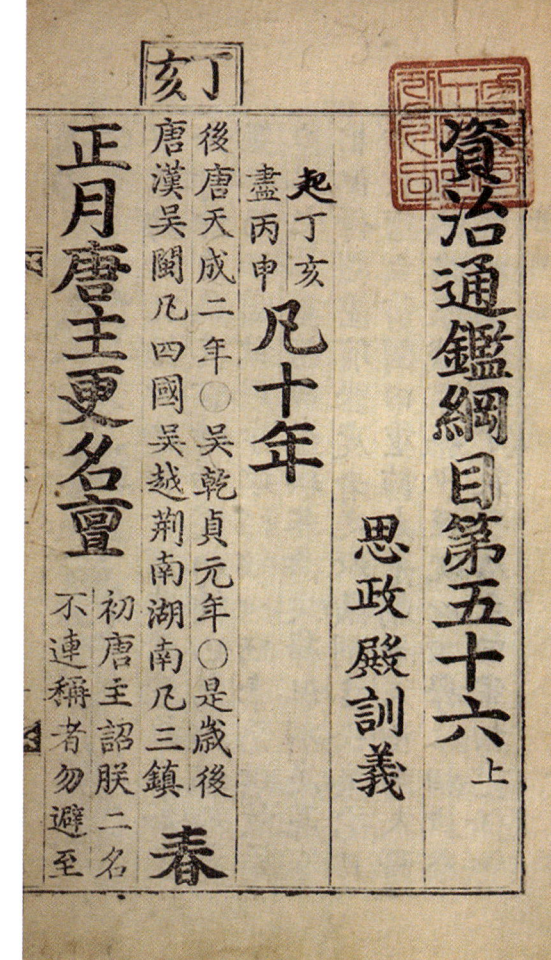

▲ **《자치통감강목》**│송나라의 주희가 쓴 책. 훗날 이 책을 즐겨 읽은 세종이 1438년에 간행을 명하기도 했다.

《강목》의 넷째 권에는 한나라의 제5대 황제를 신분이 낮은 궁녀가 낳았다는 기록이 있다. 영조는 본래 이복형(어머니가 다른 형)이었던 경종의 뒤를 이어 임금이 되었다. 그런데 경종과는 달리 영조는 신분이 낮은 궁녀의 아들이었다. 이 때문에 영조는 임금이 되고서도 항상 열등감을 가지고 있었다. 그는 어머니를 생각할 때마다 '내가 왕비에게서 태어났더라면……' 하고 아쉽게 여겼다.

이산이 곧 침착하게 대답했다.

"할바마마, 저는 그런 부분은 종이로 가려 놓고 아예 읽지를 않습니다."

"아예 읽지를 않는다? 여봐라! 지금 곧 세손이 읽고 있는 《강목》 넷째 권을 가져오도록 하라."

얼떨결에 거짓으로 대답했던 이산은 가시방석에 앉은 듯 식은땀을 흘렸다. 이산이 그 부분을 읽지 않은 것은 사실이었지만 종이로 가리지는 않았기 때문이다.

영조의 명령을 받은 내관은 즉시 세자시강원으로 달려갔다. 그곳 도서관을 맡고 있던 관리는 홍국영이었다.

홍국영이 내관에게 물었다.

"여긴 무슨 일로 오셨소?"

"《강목》 넷째 권을 가져오라는 어명이오."

"전하께서 《강목》을 찾는단 말이오? …… 잠시 기다리시오."

홍국영은 임금이 그 책을 찾는 까닭을 짐작해 보았다.

'지금 세손께서 위험하시구나. 《강목》 넷째 권이라면……? 옳지!'

홍국영은 내관은 밖에서 기다리는 동안 그 책의 문제가 되는 부분을 재빨리 한지로 덮어 풀칠한 뒤 건네주었다.

영조는 그 책을 받아 펼쳐 보고는 고개를 크게 끄덕였다. 조마조마하게 할아버지의 눈치를 살피던 세손도 깊은 안도의 한숨을 내쉬었다.

"과연 너는 내 손자답구나. 더욱 학문에 힘쓰도록 하라. 또 무예를 닦는 일도 게을리해서는 안 된다. 그래야 장차 나라와 백성을 잘 다스릴 수 있는 것이다."

이산은 할아버지에게 칭찬을 받은 뒤 자리에서 물러났다. 그리고 세자시강원으로 향하면서 위기에서 벗어나게 해 준 홍국영에 대해 고마워했다.

'홍국영은 생각보다 똑똑한 사람이군. 앞으로 곁에 두고 날 돕게 해야겠어.'

세자시강원으로 들어선 이산은 곧장 홍국영을 찾았다.

"내 오늘 그대의 도움을 결코 잊지 않겠소. 그대가 군사를 일으켜 반역을 꾀하지 않는 한 어떤 잘못도 용서해 줄 것이오."

이때부터 홍국영은 세손을 지키는 일에 모든 걸 바쳤다. 세손을 그림자처럼 따라다니며 호위했고, 세손이 부를 때면 언제든 달려가기 위해 몇 달씩이나 옷을 벗지도 못한 채 잠자리에 들 정도였다. 이렇게 홍국영이 긴장을 늦추지 않은 것은 세손이 왕으로 즉위하기 전에 여러 차례 위험한 일을 겪었기 때문이다.

그때만 해도 노론 세력은 세손이 왕위를 이어받는 것을 어떻게든 막으려고 했다. 그들은 모두 세손의 아버지 사도 세자를 모함하고 비참하게 죽게 만든 사람들이었다. 그래서 세손이 왕이 될 경우 자신들이 권력을 잃는 것은

세자시강원 |왕세자들의 학문 교육을 담당하던 관청.

물론 목숨까지 위태로울 것이라고 예상했다.

하지만 수없이 위험한 고비를 넘긴 세손은 스물다섯 살이 되던 1776년, 마침내 왕위에 올랐다. 예로부터 살아 있는 왕은 하늘과 같은 존재였기에 이름을 함부로 부르지 못했다. 그래서 '주상 전하' 또는 '주상', '금상' 등으로 부르다가 왕이 세상을 떠난 뒤에야 비로소 대신들이 생전의 업적에 어울리는 이름을 지어 바쳤다. 세손 이산도 세상을 떠나고서야 '정조'라고 불리게 되었다.

"나는 사도 세자의 아들이오."

정조가 왕위에 오르던 날 신하들에게 처음으로 했던 말이었다. 이 말에는 그가 아버지의 억울한 죽음과 그렇게 만든 세력을 결코 잊지 않았다는 뜻이 담겨 있었다. 따라서 그 순간, 정조가 왕위에 오르는 것을 방해했을 뿐만 아니라 목숨까지 노렸던 몇몇 신하들은 새파랗게 질리고 말았다.

이제 정조가 열한 살부터 참고 기다렸던 때가 온 셈이었다.

그는 왕이 되기 전까지 자신의 속마음을 가슴 깊이 감추고 있었다. 아버지를 죽게 한 노론 세력에게도 고분고분하게 대했고 늘 세자시강원에 틀어박혀 책을 읽거나, 활쏘기로 머리를 식히면서 때를 기다렸던 것이다. 누가 보아도 정조는 아버지가 비참하게 죽은 일을 잊은 것처럼 보였다. 그렇게 했던 것은 왕이 된 다음, 아버지의 원수를 갚을 정도로 힘을 키우기 위해서였다.

수없이 어려운 고비를 넘기고 왕이 되었으니 그를 몰아내려던 세력이 두려워하는 것은 당연했다. 그런데도 몇몇의 반대 세력은 정조의 즉위를 인정하지 않겠다며 여러 번 자객을 보냈으며 그 일로 정조는 세 차례나 목숨을 잃을 정도의 위험한 나날을 보냈다. 다행스럽게도 그 세 번의 역모 사건은 모두 실패했다.

정조는 아버지 사도 세자를 죽게 하는 데 앞장섰던 몇몇 신하들을 멀리 귀양 보냈다. 그런 세력들 중에는 사도 세자가 죽기만을 바랐던 할머니 정순 왕후 김씨의 친정 식구들도 있었다. 그 일로 정순 왕후 김씨는 정조가 죽는 날까지 눈치를 보면서 살아야 했다.

정조는 왕이 되기 전, 충성을 다해 자신을 지켜 주었던 홍국영에게 도승지와 숙위 대장이라는 벼슬을 함께 주었다. 도승지는 지금으로 치면 대통령 비서 실장이었고 숙위 대장은 대통령 경호 실장과 같은 자리였다. 한 사람이 국왕의 비서 실장과 경호 실장을 함께 맡게 되었으니 홍국영은 임금 다음으로 큰 권력을 가지게 된 셈이었다. 정조는 그렇게 홍국영의 노고에 보답해 주었다.

홍국영은 임금이 기꺼이 내려 준 큰 벼슬에 감사하며 성실하게 자기 임무를 다했다. 그런데 차츰 시간이 지나면서 모든 관리들이 자신에게 쩔쩔매는 모습을 보자 자만심이 생기기 시작했다.

'가만히 보니 내 자리가 정승보다 낫지 않은가. 아무렴, 내가 전하를 위해 목숨을 걸었으니 이런 대우를 받는 건 당연하지.'

홍국영은 날마다 이런 생각을 하며 대신들 앞에서 으스댔다. 그러다 보니 나중에는 아예 임금을 허수아비처럼 만들어 놓고 모든 권력을 차지하려는 욕심마저 갖게 되었다. 대신들이 임금에게 올리는 모든 보고서와 임금이 신하들에게 내리는 모든 명령이 반드시 홍국영을 거쳐 전달되었으니 그런 욕심을 가질 만도 했다. 하지만 그럴수록 대신들의 불만도 커지기 시작했다.

"젠장, 홍국영 때문에 벼슬살이도 못해 먹겠어. 그 시건방진 꼴이라니 더 이상 눈 뜨고는 못 볼 지경이야."

"이 사람, 말조심하게. 낮말은 새가 듣고 밤말은 쥐가 듣는다는 말이 있잖은가. 혹시 그런 말이 홍국영에게 흘러들어 가면 우린 그날로 끝장이야."

"그나저나 주상께서는 홍국영의 행패를 알고 계실까?"

"그자가 전하의 눈과 귀를 모두 막고 있으니 아마 모르실 거야."

권세를 부리기 시작한 홍국영을 두고 조정의 관리들은 저마다 탄식을 했다. 그러면서도 홍국영이 가진 엄청난 권력 때문에 그런 잘못을 대놓고 말할 수도 없었다. 그들은 마치 고양이 목에 방울을 달아야 하는 쥐와 같은 신세였다.

임금 이외의 사람들은 안중에도 없어진 홍국영은 조정의 관리들을 제 마음대로 임명하는 횡포까지 저질렀다. 그러자 홍국영의 집으로는 날마다 산더미처럼 뇌물이 들어왔다. 아첨을 하고 싶은 각 고을의 사또와 벼슬자리를 얻으려는 사람들이 보내는 뇌물이었다. 또 조정의 모든 벼슬아치들은 그에게 머리를 숙이지 않는 사람이 없을 정도였다.

이처럼 모든 관리들이 홍국영의 말 한마디에 따라 자신의 운명과 가문의 영광이 좌우될 지경이라 이때부터 '세도 정치'라는 말이 유행하기 시작했다. 세도 정치란 왕의 친척이나 대신들이 나라의 중요한 권력을 차지한 뒤 자기들 마음대로 위세를 부리며 정치하는 것을 가리킨다. 정조가 세상을 떠난 뒤 안동 김씨와 풍양 조씨가 60년이 넘도록 위세를 떨쳤는데 이를 대표적인 세도 정치의 예로 들 수 있다.

조선 후기에는 이처럼 왕을 허수아비처럼 만드는 세도 정치가 계속되어 관리들의 부정부패가 극심해졌고 곳곳에서 수많은 민란이 일어났다. 결국 세도 정치는 조선이 멸망하는 중요한 원인이 되고 말았다.

임금 다음으로 권력을 누리며 횡포를 부리던 홍국영이 어느 날 정조에게 말했다.

"전하, 한 가지 드릴 말씀이 있습니다."

"무슨 말이오?"

"전하께서도 이제 후궁을 들이실 때가 되었사옵니다."

"후궁이라? 과인은 그런 일에 관심이 없소."

"아닙니다. 마땅한 사람이 있으니 후궁을 들이시는 게 좋겠습니다."

홍국영은 임금에게 명령하듯 말했다.

"마땅한 사람이라니 그게 누구요?"

"바로 소신의 누이동생입니다."

이처럼 홍국영이 제 누이동생을 정조의 후궁으로 만들려고 한 것은 자신의 권력을 더욱 단단히 다지기 위해서였다.

하지만 홍국영의 누이동생 원빈은 정조의 후궁이 된 지 일 년도 지나지 않아 병들어 죽었다. 이 때문에 홍국영의 끝없던 야망도 한풀 꺾였다. 그렇다고 가만히 있을 홍국영이 아니었다. 그는 또 다른 계략을 쓰기 시작했다.

이때만 해도 정조에게는 왕위를 물려줄 세자가 없었다. 그 대신 정조의 동생인 은언군에게는 '담(상계군)'이라는 아들이 있었다. 홍국영은 이 점을 노리고 작전을 짰다.

며칠 지난 뒤 임금 앞에 엎드린 홍국영이 말했다.

"전하, 소신은 상계군을 죽은 원빈의 양아들로 삼고자 합니다. 허락해 주십시오."

정조는 마지못해 홍국영의 뜻을 받아들였다. 이제 홍국영은 상계군의 외삼촌이 된 셈이었다. 홍국영은 여기서 그치지 않고 상계군으로 하여금 정조의 뒤를 잇게 할 작정이었다. 그러기 위해서는 상계군의 지위를 임금의 양아들로 놓아둘 게 아니라 세자로 높일 필요가 있었다.

어느 날 홍국영이 정조에게 말했다.

후궁 | 왕후 이외에 왕이 거느린 첩을 말한다. 지위에 따라 정1품인 빈을 비롯해 귀인(종1품), 소의(정2품), 숙의(종2품) 등 여러 계급으로 나뉘었다. 홍국영의 누이동생은 원빈이라 했으니 후궁 중 가장 지위가 높은 정1품에 해당한다.

"전하, 이제 상계군을 세자로 책봉하실 때가 되신 줄 아옵니다."

만약 이때 상계군이 세자가 되고 정조의 뒤를 이어 왕이 되었다면 조선은 홍국영의 나라가 되었을 것이다. 하지만 홍국영은 얼마 지나지 않아 상계군이 자기 마음에 들지 않는다는 이유로 모함을 했다.

"전하, 상계군이 요즘 역모를 꾀한다는 소문이 돌고 있습니다."

이때 홍국영의 모함을 받은 상계군은 너무 억울한 나머지 스스로 목숨을 끊었다. 그리고 왕의 동생이며, 상계군의 아버지였던 은언군은 강화도로 쫓겨났다. 비록 왕의 동생이나 양아들이라 해도 일단 역모죄로 의심 받게 되면 이런 벌을 내리는 것이 나라의 법도였다.

이 같은 일을 겪고 난 어느 날, 정조가 홍국영을 불렀다.

"도승지, 이젠 물러날 때가 되지 않았소?"

정조가 나지막이 묻자 홍국영은 펄쩍 뛰었다.

"전하, 마른하늘에 날벼락 같은 말씀이십니다. 소신이 무슨 잘못을 저질렀기에 물러난단 말씀이십니까?"

"지금 도승지의 횡포 때문에 문무백관들의 불만이 여간 큰 게 아니오. 과인이 그걸 모른다고 생각하시오?"

"전하, 억울하옵니다. 소신이 무슨 횡포를 부렸다는 말씀이십니까?"

"아무튼 잘 생각해 보시오."

정조는 더 이상 말하지 않았다. 그는 임금이 되기 전, 홍국영이 역모를 일으키지 않는 이상 죄를 용서하겠다고 약속한 적이 있었다. 그래서 홍국영이 세도를 부려 온 걸 모른 체했을 뿐이다. 그러나 더 이상 그런 횡포를 내버려 둘 수는 없었다.

정조는 홍국영이 스스로 물러나기를 원했다. 그렇게 하면 자신이 홍국영에게 했던 약속을 지키면서도 그를 몰아낼 수 있었기 때문이다. 하지만 권력의 단맛을 알게 된 홍국영은 쉬이 물러나지 않았다.

문무백관 | 모든 문관과 무관.

홍국영은 자신의 권력에 걸림돌이 되었던 왕후마저 죽이려고 했다. 오래 전부터 왕후가 자신의 누이동생 원빈을 질투하여 죽인 것으로 믿었기 때문이다. 하지만 왕후의 음식에 독약을 넣으려던 그의 계획은 바로 들통이 났다. 아무리 홍국영이라도 무사할 리가 없었다.

이 사건으로 정조는 홍국영의 벼슬과 재산을 빼앗고 시골로 쫓아냈다. 그리고 조정의 모든 권력을 손아귀에 쥐고 흔들던 홍국영은 이듬해인 1781년, 시름시름 앓다가 강릉에서 쓸쓸히 죽었다.

예로부터 꽃은 열흘 이상 피지 못하고, 권력은 10년을 넘지 못한다고 했다. 대를 이어 권력을 휘두를 야망에 사로잡혔던 홍국영에게 꼭 맞는 격언이 아닐 수 없다.

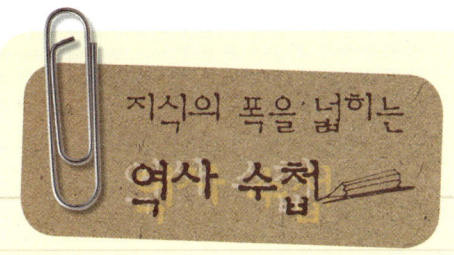

왕은 죽은 뒤에 이름을 얻는다

조선 시대의 역대 국왕은 모두 27명으로 그중 연산군, 광해군을 제외하고는 이름 뒤에 '-조'나 '-종' 이라는 묘호가 붙었다. 묘호란 왕이 죽은 뒤 붙여지는 이름인데 살아 있을 때의 업적을 대신들이 평가해 그에 걸맞게 지어 바치는 이름을 말한다. 중국 한나라 때의 책인 《예기》에 따르면 공로를 세 운 임금에게는 '-조'를 붙이고, 덕이 있는 임금에게는 '-종'을 붙인다고 했다. 조선의 경우에는 최초 로 나라를 건국한 왕과 변란에서 나라를 구한 왕에게는 '-조'를 붙였고, 정통으로 왕위를 계승한 왕 에게는 '-종'을 붙였다.

이처럼 왕의 이름은 죽은 뒤에 정해져 불리는 것이지 살아 있을 때는 감히 불리지 못했다.

그런가 하면 왕자들에게는 모두 '군'이란 호칭을 붙였다. 이때 왕후가 낳은 왕자는 '대군'이라 했고 후 궁이 낳은 왕자는 그냥 '군'으로 불렀다. 또 왕비가 낳은 딸은 '공주', 후궁이 낳은 딸은 '옹주'라고 불 렀다.

▲ 묘호를 받지 못한 연산군(위)과 광해군(오른쪽)의 묘

(04. 정조와 정약용의 만남)

정조의 학식은 세종 대왕만큼이나 뛰어났다. 그는 왕위에 오르기 전부터 수많은 책을 읽었다. 그래서 나중에는 시력이 나빠져 안경을 썼다. 우리나라에 안경이 처음 전해진 것은 임진왜란이 일어나기 전, 중국을 통해서였다. 그 후 조선의 국왕 중 처음으로 안경을 쓴 사람이 정조였다. 정조는 이처럼 눈이 나빠질 만큼 많은 책을 읽으면서 자신의 지식과 생각을 다듬어 나갔다.

정조는 오래전부터 정치를 비롯해 사회, 문화, 경제 등 조선의 모든 것을 새롭게 바꿔 나가려고 했다. 할아버지인 영조 임금처럼 탕평책을 써서 능력 있는 인재들을 고르게 쓰려 했고 문화를 더욱 발전시키며, 백성이 잘 살 수 있도록 농업과 상업을 발전시키려고 했다. 특히 정조는 중국이나 서양의 과학 기술을 받아들여서 나라를 부강하게 만들 생각이었다.

정조에게는 이런 개혁 정치를 펼치기 위해 자신의 생각을 뒷받침할 수 있는 젊은 학자들이 필요했다. 그래서 왕이 되자마자 규장각이라는 기구를 만들고 학식이 뛰어난 젊은 선비들을 뽑아 그곳에서 일하도록 했다.

지금의 국립중앙도서관과 비슷한 기관인 규장각에는 정조가 왕위에 오르던 해인 1776년에 세워졌다. 규장각은 역대 왕들이 지었던 책과 친필 서예 등을 비롯해 조선과 중국에서 펴냈던 3만 권이 넘는 책들이 분야별로 정리되어 보관되어 있었다.

▲ 〈일성록〉 | 1760년(영조 36년) 1월부터 1910년 8월까지 조정의 자세한 상황을 남긴 기록. 왕의 입장에서 펴낸 일기 형식을 갖추고 있으나 실질적으로는 정부의 공식 기록이다.

정조는 왕이 되기 전부터 조선의 정치와 경제를 크게 발전시키기 위해서는 무엇보다 학문이 발달해야 한다고 생각했다. 그래서 규장각을 세우고 수많은 학자들이 그곳에서 학문을 연구하고 토론하게 하여 조선의 문화를 꽃피우게 했다.

규장각 학자들은 학문 연구뿐만 아니라 책을 짓고 펴내는 일도 했고 조정의 업무를 일기처럼 기록하는 일도 맡았다. 이 기록을 〈일성록〉이라 하는데 〈일성록〉은 조선이 멸망할 때까지 계속 이어졌다. 국보 제153호로 지정된 〈일성록〉은 〈조선왕조실록〉, 〈승정원일기〉와 더불어 조선 시대의 왕실 역사를 연구하는 데 매우 중요한 자료로 이용되고 있다.

정조는 규장각의 학자들에게 나라를 개혁하기 위한 여러 가지 방법을 연구하도록 했다.

한편 남양주에서 학문을 닦던 정약용은 열다섯 살 되던 해에 결혼을 했다. 그의 아내는 동부승지를 지낸 홍화보의 딸이었다. 홍화보는 본래 무관 출신이었지만 문관들만큼 학문이 뛰어났다. 어려서부터 아버지에게 글을 배웠던 정약용은 장가를 간 뒤에는 장인 홍화보로부터 많은 영향을 받았다. 특히 병법에 관한 여러 가르침을 받고 《아방비어고》 등의 병법서를 쓰기도 했다.

그 무렵 정약용의 아버지 정재원은 영조의 부름을 받아 호조좌랑으로 벼슬살이를 다시 시작했다. 그 때문에 정약용의 가족들은 고향 마재를 떠나 서울로 옮겨 살았다.

정약용은 정조가 왕위에 오르던 해부터 실학자였던 이익의 학문을 본격적으로 배우기 시작했다. 이익은 정약용이 한 살 때 세상을 떠난 선비로 조선의 실학을 크게 발전시켜 후배 실학자들에게 많은 영향을 주었다. 그는 벼슬살이를 포기하고 시골에 파묻혀 수많은 책을 읽고 실제 생활에 도움을 주는 글을 쓰는 데 평생을 바쳤다. 그 결과 이익은 당시 중국에서 전해진 서양의 과학 기술과 세계 지도, 천주교 교리에 이르기까지 모르는 게 없었다. 그 후 이익이 틈틈이 쓴 글을 그의 조카들이 정리해 펴낸 책이 《성호사설》이다. 모두 30권으로 이루어진 《성호사설》은 천문, 자연 과학, 역사, 지리, 화폐, 도량형, 정치, 경제, 인물, 사건, 사상, 중국과 조선의 시와 글 등이 폭넓게 담긴, 조선 시대의 백과사전이었다.

정약용은 이익을 한 번도 만난 적이 없지만 《성호사설》 등을 읽으며 매우 큰 영향을 받았다. 매형인 이승훈을 비롯해 이가환 등 가까운 사람들은 정약용이 아버지 외에 따로 글을 가르쳐 준 스승도 없는 데에도 이익에 대해 공부하고 그의 학문을 이어받으려는 것을 알고는 크게 기뻐했다.

정약용은 스스로 이익의 제자가 되기로 하고 《성호사설》, 《성호집》 등을

동부승지 |왕의 비서실인 승정원에서 일하는 정3품 관직.
호조좌랑 |호조에 속한 정6품 관직.

학문의 등불로 삼았다. 정약용이 훗날 실학을 집대성한 학자로 손꼽히게 된 것은 그런 열정과 노력이 있었기 때문이다.

정조는 임금이 된 지 7년째 되던 해인 1783년, 맏아들인 문효를 세자로 책봉했다. 그리고 그 일을 축하하는 뜻으로 증광감시를 치르게 했다. 스물두 살의 정약용은 이때 시험을 보아 급제했다. 이 시험에 급제한 사람은 생원이나 진사로 불리며 대과를 치를 자격을 얻게 된다.

이 시험에서 급제한 사람들이 정조에게 인사를 올리는 자리가 있었다.

정약용의 차례가 되었을 때 정조가 물었다.

"그대는 얼굴을 들라. 올해 몇 살인가?"

"임오년(1762년)에 태어나 올해 스물두 살이 되었습니다."

정약용과 정조의 만남은 이렇게 시작되었다.

정조는 정약용이 임오년에 태어났다고 대답하자 한동안 깊은 생각에 잠겼다. 그의 아버지 사도 세자가 뒤주에 갇혀 목숨을 잃었던 바로 그 해였기 때문이다.

정조는 아직도 그때의 일을 생각하면 눈앞이 캄캄하고 목이 메였다. 그런데 자신의 아버지를 죽게 만든 노론 세력은 전과 다름없이 활개를 치고 있었다. 하지만 임금이 되고도 그들을 함부로 물리칠 수 없었다. 그만큼 그들의 힘이 컸기 때문이다. 정조는 자신도 모르게 주먹을 불끈 쥐었다.

증광감시에 합격한 정약용은 얼마 후 성균관으로 들어가 공부를 시작했다.

성균관에서 공부하는 태학생들은 시험을 많이 보았다. 일 년에 네 차례씩 치르는 정기 시험, 매달 한 번씩 풀어야 할 숙제, 열흘에 한 번씩 치르는 시험 등 숨 돌릴 틈이 없었다. 그런 데다 학문이 높았던 정조는 태학생들에게 직접 과제를 내 주어 실력을 알아보고는 했다. 태학생들은 자나 깨나 공부에만 매

증광감시 |조선 시대에 나라에 큰 경사가 있을 때 실시하던 과거 시험.

달려야 했다.

어느 날, 정조는 태학생들이 풀기 어려운 과제를 주었다.

"《중용》에서 의심나는 대목을 일흔 개씩 뽑아 그것에 대해 답하도록 하라."

《중용》은 유교의 기본이 되는 사서삼경 중 하나를 가리킨다.

모든 태학생들은 그 어려운 과제를 받고는 어리둥절해졌다. 정약용도 마찬가지였다. 과제를 풀기 위해 이런저런 고민에 빠졌던 정약용은 하는 수 없이 이벽을 찾아갔다. 이벽은 정약용과 사돈이며 글공부를 많이 한 사람이라 평소에도 가깝게 지내고 있었다.

그런데 이벽은 천주교에 빠져들면서부터 벼슬을 포기한 채 오직 신앙생활에만 몰두하고 있었다. 그는 정약용에게 처음으로 천주교의 교리를 알려 준 사람이기도 했다.

정약용은 임금이 내 준 과제를 두고 이벽과 밤 늦게까지 토론하면서 한 가지씩 풀어 나갔다. 그리고 글이 거칠거나 잘못된 곳을 바로잡아 답안지를 만들었다.

며칠 후 태학생들의 답안지를 모두 살펴본 정조가 신하들에게 말했다.

"정약용의 답변이 가장 돋보이는구나."

이 일로 정조는 정약용을 더욱 눈여겨보기 시작했다.

어느 날 밤 정조는 정약용을 불렀다.

"그대가 이번 시험에서 일등을 했으니 시 한 수를 읊어 보도록 하라."

정약용은 무릎을 꿇고 앉아 자신이 지은 시를 한 구절씩 외워 나갔다. 베개에 비스듬히 기대어 정약용의 시를 듣던 정조는 부채로 장단을 맞추며 즐거워했다.

"그 시가 무척 좋구나. 그대의 높은 식견을 살려 더욱 학업에 힘쓰도록 하라."

사서삼경 | 사서와 삼경을 통틀어 부르는 말로 사서란 《논어》, 《맹자》, 《대학》, 《중용》을 가리키며, 삼경은 《시경》, 《억경》, 《주역》을 가리킨다. 여기에다 《예기》와 《춘추》를 더한 것을 '사서오경'이라고 부른다.

▲ **규장각도** | 조선 영조 때 화가 김홍도가 그린 창덕궁 규장각 건물인 주합루.

정조는 그날 정약용에게 《국조보감》이라는 책 한 질과 흰 종이 1백 장을 선물했다. 그 뒤로도 정약용이 성균관에서 치르는 시험에서 좋은 성적을 낼 때마다 불러 책을 선물하거나 술을 따라 주었다. 정약용은 평소에 술을 별로 마시지 않았다. 하지만 왕이 큰 사발에 술을 부어 마시게 할 때는 어쩔 수 없이 벌컥벌컥 들이키고는 했다.

이처럼 정조는 틈틈이 정약용을 불러 격려해 주었고 《대전통편》, 《당송팔자백선》 등 규장각에서 펴낸 책을 선물했다. 어느 때는 《병학통》과 같은 책을 주어 병법도 공부하게 했다.

그런데 성균관 시험에서는 늘 1, 2등을 놓치지 않던 정약용이었지만 과거를 치를 때는 별로 좋은 성적을 내지 못했다. 그래서 정약용은 성균관에 들어간 지 6년이 넘도록 이렇다 할 벼슬을 얻지 못했다.

그 일을 누구보다 안타깝게 여긴 사람은 정조였다. 그는 하루빨리 정약용과 같은 유능한 신하를 곁에 두고 싶었던 것이다.

번번이 쓴 잔을 마셨던 정약용이 과거에 급제한 것은 스물여덟 살이던 1789년 3월이었다.

정조는 장원으로 급제한 정약용에게 희릉직장이라는 벼슬을 내렸다. 조선 시대 왕릉 중 하나인 희릉을 돌보는 하찮은 벼슬이었다. 하지만 정조가 그런 벼슬을 내린 뜻은 따로 있었다.

"그대는 초계문신들에게 《대학》을 가르치도록 하라."

그러니까 정약용에게 벼슬인 희릉직장은 이름뿐이었고 실제로는 훨씬 중요한 일이 기다리고 있었던 것이다. 정약용은 이때부터 규장각 선비들에게 《대학》을 가르쳤다. 그리고 나중에는 자신이 강의했던 내용을 책으로 펴내기도 했다.

조계문신 │규장각에서 연구를 하던 젊은 선비.

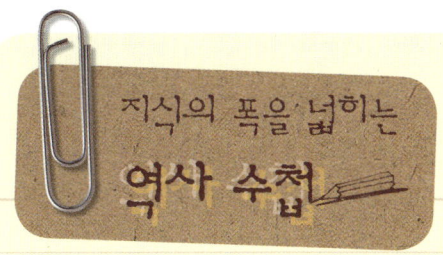

과거 시험의 종류

조선 시대에 벼슬을 하려면 먼저 과거 시험을 치러야만 했다. 과거 시험은 크게 문과와 무과, 그리고 잡과로 나뉜다. 이 가운데 잡과는 통역을 맡는 역관이나 의원 등 기술직을 뽑는 시험을 말한다.

가장 대표적인 과거인 문과는 다시 소과와 대과로 나눌 수 있다. 먼저 소과에 합격한 사람은 생원이나 진사로 불리게 되며 대과를 치를 자격을 얻는다. 대과는 나라의 정식 관리를 뽑는 시험으로 보통 한번에 33명씩 합격시켰다.

과거 시험은 또 언제 치르느냐에 따라 그 이름이 달랐다. 3년에 한 번씩 정기적으로 치르는 식년시가 있고, 나라에 경사가 있을 때나 인재가 급히 필요할 때 치르는 증광시도 있었다. 문과만 해도 증광문과, 별시문과, 알성문과 등 그 종류와 절차가 수없이 많았다.

▲ 서원
|조선 중기 이후 과거 시험을 준비하고 학문 토론을 하기 위해 전국 곳곳에 세워진 사설 교육 기관.

▲ 성균관
|조선 시대 최고의 국립 교육 기관. 소과에 합격한 유학생은 우선적으로 성균관에 입학할 수 있는 기회를 얻었다.

05. 천주교인들의 뜨거운 활약

정약용이 정조를 처음 만났던 해인 1783년 겨울이었다.

매서운 바람이 휘몰아치는 서울을 떠나 중국 베이징으로 걸음을 서두르는 사람들이 있었다. 그들 일행은 '동지 때를 앞뒤로 하여 파견되는 사신'이란 뜻에서 '동지사'라고 했다. 일행 중에는 이승훈이라는 젊은 학자도 있었다.

이승훈은 스물다섯 살에 초시에 합격해 진사가 되었는데 정약용의 누이와 결혼하고부터 서학에 많은 관심을 갖기 시작했다. 그가 서학을 받아들인 데에는 이벽의 힘이 컸다. 이승훈과 이벽, 정약용 형제들은 서로 사돈 사이이면서 학문적인 교류도 깊었다.

이 무렵 조선에서는 이벽, 권철신 등 남인 학자들이 앞장서서 서학을 공부하면서 그중 천주교를 차츰 신앙으로 발전시키고 있었다. 조선 천주교가 처음 시작된 곳으로 손꼽히는 천진암이라는 절에서 함께 모여 토론한 것을 대

▲ **천진암** | 경기도 광주시 퇴촌면에 있는 천주교 성지. 현재는 천주교의 기반을 다진 다섯 사람의 무덤과 함께 암자 터만 남아 있다.

표적인 예로 들 수 있다.

    서학에 관심을 가진 이벽, 권철신, 정약전 등 여러 학자들은 정부의 감시를 피하려고 천진암에 모였다. 그들은 열흘 동안 천진암에 머물며 중국을 통해 받아들인 과학과 수학, 천주교에 관한 책들을 놓고 열띤 토론을 벌였다. 이때의 모임을 '천진암 강학회'라 부른다.

    천진암 강학회에 참석한 여러 학자들 중 가장 열성적인 사람은 이벽이었다.

    조선은 1636년, 청나라의 공격(병자호란)을 막지 못하고 항복했다. 그 일로 소현 세자를 비롯한 수많은 왕족과 대신들, 백성이 인질로 잡혀갔다. 이벽의 고조할아버지도 소현 세자를 따라 청으로 갔다. 그런데 소현 세자는 중국에 전해진 서양 학문에 깊은 관심을 가지게 되었고 천주교 성당을 방문해 아담 샬 신부를 만나 천주교와 관련된 여러 가지 책들을 선물 받아 귀국했다.

그런데 소현 세자는 몇 달 후 의문의 죽음을 맞이했으며 이벽의 고조할아버지를 비롯해 소현 세자를 따르던 관리들도 탄압을 받았다. 이에 이벽의 고조할아버지는 천주교 서적들을 집 안 깊숙이 숨겨 놓았는데 그것을 후손인 이벽이 읽게 된 것이다.

이벽은 천주교 책들을 읽으며 차츰 그 세계에 깊이 빠져들었으며 스스로 천주교인이 되려고 노력했다. 이벽처럼, 가르쳐 주는 사람도 없이 스스로 천주교인이 되려고 한 경우는 세계 천주교 역사상 보기 드문 경우였다.

그런 점에서 천진암 강학회는 천주교를 학문이 아닌 신앙으로 받아들이는 중요한 계기가 되었으며 천진암은 한국 천주교가 처음 시작된 성지로 손꼽히게 된 것이다.

이 무렵만 해도 조선 땅에 신부는 물론 정식으로 세례를 받은 교인조차 없었다. 신앙이 깊었던 이벽은 그런 사실을 늘 안타까워했다. 그러던 중 가깝게 지내던 이승훈의 아버지가 동지사로 임명되었다는 소식을 듣게 된 것이다.

이벽은 무릎을 치며 좋아했다. 이승훈을 베이징으로 보낼 기회가 왔기 때문이다. 그 시절에는 백성이 조선과 중국의 국경을 함부로 드나들 수가 없었다. 그래서 누군가가 중국으로 가려면 나라에서 보내는 사신들을 따라가야만 했다.

이벽은 곧 여러 천주교인들에게 여비를 모아 이승훈에게 건네면서 말했다.

"자네 이번에 북경으로 가면 내 부탁 좀 들어주게."

이벽의 말에 이승훈은 눈을 크게 떴다.

"무슨 부탁이십니까?"

"북경에 있는 성당을 찾아가 신부님을 뵙고 세례를 받도록 하게."

"네에?"

이승훈은 너무 뜻밖의 말에 벌어진 입을 다물지 못했다. 세례를 받는다는 것은 정식으로 천주교인이 된다는 뜻이기 때문이다.

이승훈이 깜짝 놀라자 이벽은 입술에 검지를 대면서 말했다.

"쉬잇! 목소리를 낮추게."

이승훈은 자신이 그처럼 엄청난 일을 해낼 수 있을지 걱정이 앞섰다.

"자네가 앞장선다면 조선에서도 천주교인들이 많이 늘어날 테고 또 조선인 가운데 신부님도 나올 게야. 그럼 우리 천주교가 크게 일어날 것이 아닌가?"

이승훈은 천천히 고개를 끄덕였다.

"하지만 이 일이 세상에 알려지면 위험하니 자네가 돌아올 때까지는 우리 두 사람만 아는 비밀로 해 두세."

"알겠습니다. 그럼 저는 이만……."

이승훈은 고개를 숙이며 이벽에게 작별 인사를 건넸다.

이윽고 조선의 동지사 일행은 서울을 떠난 지 40일 만에 베이징에 도착했다. 일행은 숙소를 정한 뒤 베이징의 골동품 가게나 책방 등을 찾아 나섰다. 하지만 따로 할 일이 있던 이승훈은 혼자서 베이징 북당을 찾아갔다.

"나는 조선에서 온 이승훈이란 사람이오. 이곳 신부님을 뵙고 싶소."

이승훈이 성당 안으로 들어가 안내를 맡은 사람에게 말했다.

얼마 후 그라몽 신부가 이승훈을 맞았다. 두 사람은 서로 말이 통하지 않았기 때문에 한자로 글을 써서 대화를 나눴다.

"반갑습니다. 저는 이 성당을 맡고 있는 그라몽 신부입니다. 조선의 선비께서 무슨 일로 여기까지 오셨습니까?"

베이징 북당 |마테오 리치와 아담 샬 신부가 베이징에 각각 세운 네 개의 성당 중 하나로 베이징의 북쪽에 있어서 북당이라고 부른다.

"저는 천주교 신자가 되고 싶습니다. 부디 제게 세례를 주십시오."

그라몽 신부는 그 말을 듣고 깜짝 놀랐다. 그는 조선에 천주교가 전해지려면 아직도 멀었다고 생각해 왔다. 그런데 이승훈이 스스로 찾아와 천주교인이 되겠다고 하니 매우 놀랍고도 반가운 일이었다.

그라몽 신부는 한 달 가량 이승훈에게 천주교의 교리를 친절하게 가르쳐 주었다. 그 결과 이승훈은 세례를 받을 수 있었다.

세례 의식을 갖기 전, 그라몽 신부는 이승훈에게 천주교의 여러 가지 교리를 물었다. 이승훈은 모든 질문에 막힘없이 대답했다.

"좋습니다. 자, 그렇다면 만일 조선의 국왕이 당신과 같은 천주교인들을 미워하여 신앙을 버리라고 한다면 어떻게 하시겠습니까?"

"천주교를 버리느니 차라리 목숨을 바치겠습니다."

대답을 듣고 난 그라몽 신부는 결심을 굳혔다. 그리고 조선 천주교 역사에 길이 남을 만한 세례 의식을 베풀었다.

"당신의 세례명은 베드로라고 하겠소."

베드로란 주춧돌이라는 뜻이다. 조선 사람 중 최초로 세례를 받는 이승훈이 조선 천주교의 주춧돌이 되라는 뜻으로 지은 이름이었다.

세례를 받은 이승훈은 십자가와 종교적인 내용을 담은 그림인 성화, 기도를 드릴 때 쓰는 묵주, 천주교의 원리나 이치가 담긴 교리서 등을 가지고 돌아왔다. 이때가 1784년 봄이었다.

이승훈이 돌아오기를 누구보다 애타게 기다린 사람은 바로 이벽이었다. 이벽은 지금의 서울역 근처인 염초교에 있는 이승훈의 집으로 찾아갔다. 오랜만에 만난 두 사람은 밤새도록 이야기꽃을 피웠다.

"이제 자네가 참된 천주교인이 되었으니 조선의 천주교를 이끌어야 하네."

새벽닭이 홰를 칠 무렵, 이벽이 이승훈에게 말했다.

"하지만 어찌 저 같은 평신도가 그처럼 큰일을 할 수 있겠습니까?"

"자네는 베드로라는 세례명처럼 조선 천주교의 주춧돌이 되어야 하네. 자네가 앞장서고, 나 역시 천주학을 알리는 데 힘쓴다면 천주교가 크게 발전할 게 아닌가."

"명심하겠습니다."

그날 이승훈은 베이징에서 가져왔던 여러 가지 천주교 교리서와 묵주 등을 이벽에게 모두 건넸다.

이벽은 그 물건들을 보물처럼 받아들고 이승훈의 집을 떠났다. 그리고 조용한 곳에 집을 얻어 혼자서 천주교 교리를 익혔다. 몇 달 뒤, 이벽은 스스로 천주교 교리를 비롯해 천주교인들의 종교 의식과 원리를 모두 깨우쳤다.

무척 기뻤던 이벽은 가까운 사람들을 일일이 찾아다니며 설교를 시작했다.

"천주교야말로 매우 훌륭한 종교이며 올바른 가르침이오. 우리는 이제 천주님의 부르심을 외면할 수 없게 되었습니다. 지금부터 천주교를 널리 펴서 온 세상에 알립시다."

많은 사람들이 이벽의 말에 귀를 기울였다. 이벽은 양반들은 물론 중인, 상민들에게까지 천주교를 전했다. 그런 노력 덕분에 조선 천주교인들은 천 명이 넘을 정도로 세력이 커졌다.

1784년의 어느 날, 성균관에서 열심히 공부하던 스물세 살의 정약용은 맏형수의 제사를 지내기 위해 고향 마재로 내려갔다. 제사를 마친 정약용은 이튿날 아침, 서울로 돌아가기 위해 이벽과 함께 강나루로 향했다. 나뭇잎들이 싱그럽게 우거진 늦봄이었다. 들녘에서는 보리가 한창 익고 있었으며 뻐꾸기와 꾀꼬리가 제 세상을 만난 듯 지저귀고 있었다. 세상은 온통 수채화처럼 아름답고 평화로웠다.

중인 양반과 상민 사이에 있는 계급으로 역관, 의원, 기술관 등을 가리킨다.

두 사람을 태운 나룻배가 지금의 팔당댐 근처인 두미협을 지나고 있을 때 이벽이 정약용에게 말했다.

"자네, 천주학을 알고 있나?"

정약용은 고개를 저었다.

"언뜻 들어 보기는 했으나 자세한 건 모릅니다."

"천주님은 이 세상을 창조하신 분이네. 우리 집안에 어른이 있고 나라에 임금이 계신 것처럼 하늘에는 천주님이 계시네. 그러니 우리가 삼강오륜을 지키는 것처럼 천주님을 으뜸으로 공경해야 한다네."

정약용이 천주학을 학문이 아니라 하나의 신앙으로서 이야기를 들었던 것은 그때가 처음이었다. 이벽이 워낙 열심히 천주교의 가르침을 전했던 덕분에 정약용은 놀랍고도 황홀한 느낌을 받았다. 학문에 대한 호기심이 많았던 정약용이 말했다.

"그렇다면 형님이 보셨던 그 책을 한번 읽어 보고 싶군요."

그러자 이벽은 손뼉을 치며 반가워했다.

"아암, 그래야지. 이 배가 서울에 도착하면 곧장 내 집으로 가세. 내가 책을 빌려 주겠네."

그리하여 정약용은 이벽에게 《천주실의》와 《칠극》 등의 책을 빌려 자세히 읽게 되었다.

《천주실의》는 마테오 리치 신부가 명나라에 머물면서 지은 천주교 교리서였다. 그 책은 임진왜란 후 명나라에 사신으로 갔던 이수광이 마테오 리치 신부에게 선물로 받아 조선으로 들여온 것이었다. 또 《칠극》은 《천주실의》보다 훨씬 전에 에스파냐 신부 판토하가 지은 책인데 인간의 교만과 질투, 탐욕, 분노, 과욕, 음란, 게으름 등을 버리고 마음을 비우고 살라는 내용이 담긴 천주교의 교훈서였다.

정약용은 이런 책을 읽는 동안 야릇한 기분에 사로잡혔다.

천주교와 유교의 가르침은 비슷한 것 같으면서도 큰 차이가 있었다. 그런 차이에 대해 정약용은 커다란 호기심을 느꼈다. 그래서 기회가 된다면 천주학을 깊이 공부해 보고 싶었다. 이때만 해도 나라에서는 서학에 관한 책이나 천주교 교리가 담긴 책을 금지하지는 않았다. 하지만 성균관 태학생인 정약용은 한창 과거 시험을 준비하고 있었기에 당장 천주교를 깊이 생각할 처지는 아니었다.

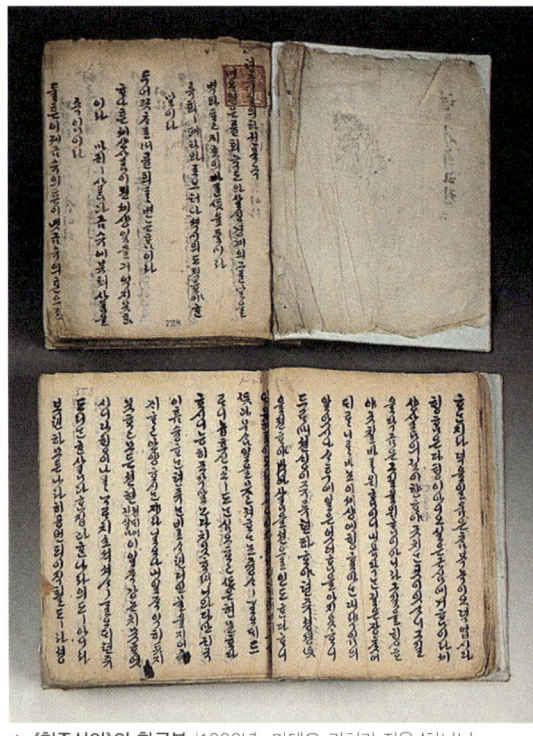

▲ **《천주실의》의 한글본** |1603년, 마테오 리치가 지은 '하나님에 대한 참된 토론'이라는 뜻의 천주교 교리서.

그로부터 거의 1년이 지난 1785년 봄이었다.

형조의 관리들이 지금의 서울 명동인 명례방 근처를 지나다가 어떤 집에서 이상한 소리를 들었다.

"쉿! 조용히 해 보게."

"무슨 일인데 그러나?"

"이 사람, 귀먹었어? 저 소리 안 들리는가?"

"그러고 보니 무슨 노래를 부르는 것 같구먼."

관리들은 서로 눈짓을 한 뒤 그 집 앞으로 바짝 다가가 귀를 기울였다. 한 사람이 크게 연설을 하는가 싶더니 얼마 뒤에는 여러 사람이 함께 노래를 부르는 듯했다. 그런가 하면 가끔씩 웅성거리기도 했다.

형조 |조선 시대에 법률을 다루던 관청.

담장 밖에서 안마당을 들여다보던 관리들은 툇마루 앞에 제법 많은 짚신과 갖신들이 놓인 것을 보고는 한 건 잡았구나 싶었다.

"저놈들, 틀림없이 술을 처마시고 노름을 하고 있을 거야."

"당장 잡아들이세."

"아니지. 한두 명이 아닌 듯하니 내가 여기를 지키는 동안 자넨 빨리 뛰어가 포졸들을 데리고 오게."

이 무렵, 조선 사람들은 양반이나 상민을 가릴 것 없이 노름을 무척 즐겼다. 이때 유행했던 노름으로는 바둑, 장기, 윷놀이를 비롯해 쌍륙, 투전, 골패 등 여러 가지였다. 틈만 나면 이런 노름을 즐기는 사람들 때문에 살림살이가 기우는 집들도 많았다. 그래서 나라에서는 노름을 하는 사람에게 곤장 80대를 때릴 만큼 무거운 형벌을 내리고 있었다.

이윽고 포졸들이 그 집을 둘러싼 가운데 형조의 관리들이 대문을 박차고 안으로 들어갔다. 그들은 신발도 벗지 않고 사람들이 모인 방으로 들이닥쳤다.

갖신 | 가죽으로 만든 우리 고유의 신.

"이놈들, 전부 꼼짝 마라!"

그런데 관리들은 생전 처음 보는 낯선 광경에 그만 눈이 휘둥그레졌다.

머리에 두른 푸른 수건을 어깨까지 늘어뜨린 이벽이 가장 윗자리에 앉아 있었고 이승훈, 정약용 3형제, 권일신과 그의 아들, 집주인인 김범우 등 수십 명이 엄숙하게 앉아 이벽의 설교를 듣고 있었던 것이다.

뿐만 아니라 그곳에는 천주교를 상징하는 그림과 물건, 성경 등이 있었다. 더욱 이해할 수 없는 일은 모여 있는 사람들 모두가 얼굴에 분을 바르고 있었다는 점이다. 그들이 이렇게 한 것은 이승훈이 베이징에서 만났던 그라몽 신부의 얼굴이 분을 바른 듯 희었기 때문이다. 이승훈은 백인인 그라몽 신부의 하얀 피부까지 닮아야 한다고 믿었던 것이다.

관리들은 난생 처음으로 그런 모습을 보고는 한동안 입을 다물지 못했다.

"지금 뭣들 하는 짓이오?"

이윽고 형조의 관리 중 우두머리가 물었다.

"우린 서학을 공부하는 중이오."

윗자리에 앉았던 이벽이 침착하게 대답했다.

"뭐요? 서학? 아무래도 수상하군. 모두 형조로 갑시다. 당신들이 무슨 짓을 했는지 조사를 해 봐야겠소."

관리들의 서슬 퍼런 기세에 모였던 사람들은 별 수 없이 관청으로 끌려갔다.

이튿날 형조 판서는 잡혀 온 사람들을 일일이 조사했다. 그래서 그들이 천주교식 제사 의식인 미사를 가졌다는 것과 거의 모든 사람들이 양반 가문 출신이라는 것을 알아냈다.

형조 판서는 그들에게 다시는 천주교와 같은 서양 오랑캐의 종교는 믿지 말라고 경고한 뒤 모두 풀어 주었다. 하지만 명례방의 집주인 김범우만은 계속 가둔 채 고문했다. 김범우는 양반이 아니라 중인 출신인 역관이었기 때문이다. 신분 차별이 엄했던 때라 똑같은 죄를 저질렀어도 양반보다는 중인이나 상민에게 더 큰 벌을 주었던 것이다.

형조 판서는 김범우를 몇 번이나 고문한 끝에 여러 가지를 알아냈다. 김범우가 어떻게 천주교를 믿게 되었으며 어째서 그의 집에 천주교인들이 모여들었는지, 천주교인들은 어떤 식으로 종교 행사를 갖는지도 자세히 드러났다.

결국 형조 판서는 김범우를 충청도 단양으로 유배를 보냈다. 그런데 심하게 고문을 받았던 김범우는 귀양살이를 시작한 지 몇 주일 만에 목숨을 잃고 말았다. 고문을 당할 때 생긴 상처가 좀처럼 아물지 않았기 때문이다.

이 명례방 사건으로 죽은 김범우는 조선 천주교의 첫 번째 순교자로 기록되고 있다.

이 사건이 일어나자 유교를 고집하던 선비들은 임금에게 빗발치듯 상소를 올렸다. 천주교인들을 모조리 잡아들여 벌을 주고 씨를 말려야 한다는 내용이었다. 그러나 정조는 그들의 요구를 절반쯤만 들어주었다. 정조는 중국에서 서학 책을 들여오는 것을 금지했으며 천주교인들이 집에 숨겨 둔 책들도 찾아내 모조리 불태워 없애라고 지시했지만 천주교인을 처벌하지는 않았다.

그로부터 약 100년이 지난 뒤 천주교인들은 김범우의 거룩한 죽음을 기리기 위해 그가 살던 집 근처에 땅을 사들여 성당을 지었다. 그곳이 바로 한국 천주교의 중심인 명동 성당이다.

순교자 |자신이 믿는 종교를 위해 목숨을 바친 사람.

(06. 세계 최초의 계획 도시, 화성)

1789년 가을, 규장각 초계문신들을 가르치던 정약용은 잠시 짬을 내어 울산으로 내려갔다. 울산 부사로 있던 아버지를 찾아뵙기 위해서였다. 그런데 정약용은 울산에 도착한 지 열흘도 지나지 않아 임금의 부름을 받았다.

"전하께서 급히 찾고 계시니 서둘러 올라오시오."

정조가 보낸 신하가 말했다.

정약용은 곧 서울로 걸음을 서둘렀다.

며칠 만에 서울에 도착한 정약용은 곧장 창덕궁으로 들어가 정조에게 절을 올렸다. 정조는 정약용을 오랫동안 기다린 듯 반갑게 맞아 주었다.

"과인이 머잖아 수원 현륭원에 참배를 할 것이다. 그때 한강을 건너야 할 것인즉 배다리를 만들면 행차할 때마다 요긴하게 쓸 수 있지 않겠는가. 그대는 곧 배다리를 설계하여라."

▲ 《반계수록》 | 조선 후기 학자 유형원이 국가 운영과 개혁에 대한 견해를 담은 책.

정조는 몇 달 전, 양주 배봉산에 있던 아버지 사도 세자의 능을 수원 화산으로 옮겼다. 이렇게 한 것은 풍수지리로 따졌을 때 사도 세자의 묘 자리가 좋지 않다는 이야기를 들었기 때문이다. 풍수지리는 집터나 묘지를 정할 때 좋은 자리를 골라야 후손들이 평안하고 행복하게 살 수 있다는 내용의 오랜 풍습이자 학문이었다. 그래서 사람들은 어떤 집터나 묘지의 터를 정할 때 가장 먼저 풍수지리부터 따져 명당을 찾고는 했다.

그렇지만 정조가 사도 세자의 무덤을 양주에서 수원으로 옮긴 것은 풍수지리 말고도 다른 여러 가지 이유가 있었다.

본래 수원은 남쪽 지방에서 서울로 올라가는 길목이라 상인들과 물자가 많이 모이는 곳이었다. 하지만 산으로 둘러싸여 별로 발전하지 못하고 있었다. 이를 잘 알고 있던 실학자 유형원은 오래전에 수원의 중심지를 북쪽으로 옮기면 이 지역이 크게 발전할 것이라고 내다보았다.

정조는 어느 날 유형원이 쓴 《반계수록》을 읽게 되었다.

모두 26권으로 이뤄진 《반계수록》은 조선의 농업과 상업을 발전시키며 여러 가지 제도의 개혁 방향이 자세히 담긴 책으로 1770년, 영조의 명을 받아 간행된 것이다. 특히 유형원은 이 책을 통해 수원이 가진 여러 가지 장점에 대해 칭찬을 아끼지 않았다.

수원 화산 | 경기도 화성시에 있는 산으로 해발 108미터임.

"수원은 서울과 남쪽 지방을 잇는 교통의 요지다. 지금의 중심지도 좋기는 하지만 북쪽으로 옮기는 게 더 좋을 것이다. 북쪽은 산이 크게 굽고 땅이 태평하여 농경지가 넓은 곳이라 그쪽으로 중심을 옮기면 수원이 큰 고을로 발전할 것이다."

이런 글을 읽고 난 정조는 무릎을 치며 말했다.

"이 선비는 백 년 뒤의 일을 훤하게 내다보았구나."

정조는 유형원뿐만 아니라 여러 학자들의 말을 참고해 수원을 크게 발전시키려고 했다. 그래서 사도 세자의 무덤을 먼저 화산으로 옮긴 뒤 수원에 새로운 도시를 건설하려는 계획을 세웠던 것이다. 그는 왕위에 오르던 해에 아버지의 시호인 '사도'를 '장헌'으로 높여 부르게 했다. 그리고 때를 기다렸다가 장헌 세자의 무덤을 수원으로 옮겼으며 수원을 새로운 수도로 건설해 자신의 왕권을 뒷받침하는 배경으로 삼고자 했다.

그는 노론 세력이 득실거리는 서울에는 별로 미련이 없었다. 그래서 나중에 세자에게 왕위를 물려준 뒤에는 상왕이 되어 수원에서 살 작정이었다.

이처럼 커다란 꿈을 가지고 있던 정조는 수원으로 옮긴 아버지의 무덤인 현륭원을 해마다 한두 번씩 찾아가 참배하며 수원에 새 도시를 건설할 계획을 세웠다.

그런데 왕이 한 번 행차를 하면 수백 명의 신하와 호위병, 궁녀들이 따르게 된다. 그 많은 사람들이 한강을 건너려면 수십 척의 배에 각각 나누어 타는 방법밖에는 없었다. 이럴 경우 시간도 오래 걸렸고 배를 타거나 내릴 때 매우 번거로울 게 분명했다.

정조는 이런 문제를 해결하는 데는 배다리가 안성맞춤이라고 여겼다. 배다리는 배를 이용해 임시로 만드는 다리를 말한다. 한강의 강폭이 너무 넓은

시호 | 높은 벼슬을 지낸 사람이 죽었을 때 그의 공적을 기리는 뜻에서 왕이 내리는 이름.
상왕 | 왕위를 세자에게 물려준 왕을 부르는 호칭.

나머지 그때만 해도 다리를 놓겠다는 엄두를 내지 못했다. 그 대신 수십 척의 배를 한 줄로 연결해 그 위에 널판을 깔아 배다리를 만들면 사람들이 좀 더 손쉽게 건널 수 있으리라 생각한 것이다.

정조는 한강에 배다리를 놓았다가 행차가 끝난 뒤에는 철수하는 임무를 맡길 '주교사'라는 임시 관청을 만들었다. 주교사는 영의정 등 정승이 최고 책임자로 있을 만큼 매우 중요한 관청이었다. 그런데 실제 배다리를 설계하는 일만큼은 과거에 급제한 지 얼마 안 되는 정약용에게 맡겼던 것이다.

"전하, 미천한 제가 그 큰일을 해낼 수 있을지 두렵습니다."

정약용이 대답했다.

"**그대는 일찍이 서학을 공부하지 않았는가? 그런 지식을 살려 배다리를 설계하라.**"

"성은이 망극하옵니다!"

정약용은 크게 머리를 숙인 뒤 물러 나왔다.

정조의 말처럼 정약용은 한때 서양의 과학 서적을 읽으며 큰 관심을 가졌다.

그때만 해도 대부분의 조선 사람들은 중국이 세상에서 가장 크고 가장 문명이 발달한 나라인 줄 알았다. 그러다가 여러 실학자들의 활약으로 서양의 문명과 과학 기술이 중국보다 앞선다는 것을 차츰 알게 되었다. 더 나아가 젊은 실학자들은 조선에서도 그런 기술을 받아들여 나라를 부강하게 만들어야 한다고 생각했다. 정약용도 마찬가지였다.

그는 모든 지식을 동원해 배다리를 설계해 나갔다. 마침내 커다란 배 80여 척을 옆으로 나란히 세워 두고 그 위에 판자를 얹은 대규모의 배다리 설계도가 완성되었다. 언뜻 간단한 일 같지만 배들이 물결을 따라 하류로 밀리는 것을 막고 서로 부딪치지 않게 해야 하는 등 연구할 일이 많았다. 특히 서해에서 한강으로 밀물과 썰물이 드나들 때 어떤 영향이 있는지, 한강의 어느 지점에 배다리를 놓아야 적당한지를 잘 알아야만 했다.

정약용의 배다리 설계도에는 배와 배 사이의 간격, 판자의 너비와 두께를 비롯해 어떻게 배들이 물결에 휩쓸리지 않고 버티게 할 수 있는지 등 수십 가지의 내용들이 기록돼 있다.

정조는 정약용이 올린 설계도를 보고는 빙긋이 웃었다.

"훌륭하구나. 이것을 주교사에 넘겨주고 설계한 대로 배다리를 놓게 하라. 또 배를 빌려 준 경강사선의 임자들에게는 대동미를 운반할 수 있는 권리를 주어라."

이때 동원된 배들은 훈련도감에서 쓰던 대변선과 경강사선이었다. 그중 경강사선은 임금의 행차가 끝난 뒤에는 다시 주인에게 돌려주어야만 했다. 정조는 나라에 배를 빌려 준 상인들이 손해를 보지 않도록 여러 가지 혜택을 주었다. 이런 뜻에 따라 정약용도 배다리를 만들 때 배에 못을 박거나 손상을 입히지 않도록 주의를 기울였다.

지금의 용산과 노량진 사이에 놓였던 이 배다리 덕택에 정조는 해마다 한강을 손쉽게 건너 화성까지 다녀올 수 있었다.

장헌 세자의 무덤인 현륭원을 수원으로 옮기기 전, 수원 부사였던 조심태가 화산 주변에 살고 있던 사람들에게 말했다.

"머잖아 이곳에 현륭원이 들어설 예정이오. 그러니 여러분들은 모두 팔달산 쪽으로 이사를 가도록 하시오."

대대로 그곳에서 농사를 짓던 사람들은 마른하늘에 날벼락이 떨어진 것처럼 놀랐다.

경강사선 |한강을 오가던 상인들의 배.
대변선 |나라에 위급한 일이 생길 때 쓰기 위해 강화도 등에 대기시켜 놓은 배.

"사또, 그게 무슨 말씀이십니까? 정든 땅을 버리고 이사를 가라니요?"
화산 농민들은 웅성거리며 사또를 원망스럽게 바라보았다.
"여러분들이 이사할 곳에는 머잖아 향교도 세우고 관청도 옮겨 놓아 새로운 도시로 가꿀 예정이오. 물론 그곳에는 지금처럼 농사를 지을 땅도 많이 있소."
수원 부사가 말했다.
"그래도 저희는 여길 떠나고 싶지 않습니다요."
"물론 정든 터전이라 이사하는 게 쉽지 않을 것이오. 하지만 상감께서 우리 고을을 제대로 가꾸어 모두들 잘 살게 해 주실 것이니 내 말을 따르시오. 나라에서 집집마다 보상비와 이사 비용을 줄 것이오."

향교 | 지방의 교육 기관.

사람들은 그제야 고개를 끄덕이며 발길을 돌렸다. 그 뒤 화산 주변에서 살던 많은 농민들이 십 리쯤 떨어진 팔달산으로 터전을 옮겼다. 하지만 끝까지 이사를 가지 않고 그곳에 남은 사람들도 꽤 있었다.

정조는 화산으로 아버지의 능을 옮긴 뒤 석 달쯤 지나 그곳을 참배했다.

이때 수원 부사는 팔달산 기슭에 관청과 임시 궁궐인 행궁, 향교, 사직단 등 새로운 건물을 짓고 있었다. 수원 부사는 관청뿐만 아니라 널찍하게 길을 닦고 길 양쪽으로는 가게들을 세우며 주변의 땅을 고르게 나누어 백성들이 집을 지을 수 있도록 계획을 세웠다. 여기에다 팔달산으로 터전을 옮긴 화산 농민들이 새로 집을 지으면서 수원은 차츰 새 도시의 모습을 갖추어 나갔다.

서양에서 이와 같이 어떤 도시를 계획적으로 설계하고 건설하기 시작한 것은 제2차 세계 대전이 끝난 뒤부터였다. 따라서 정조와 그 당시 학자들이 계획도시를 건설한 것은 세계 최초의 일로, 유럽보다 150년이나 앞선 셈이었다.

현륭원에서 참배를 마친 정조가 수원 부사와 여러 신하들에게 말했다.

"새 고을을 두루 둘러보니 집들이 즐비하게 늘어섰고 거리가 번듯하구나. 수원이 이처럼 큰 도회지의 모습을 갖추기 시작했으니 그대들의 노고가 많았음을 짐작할 수 있겠다."

임금이 수원에 행차한 뒤로도 새 도시 공사는 계속되었다. 그리하여 이듬해인 1790년 초여름에는 관청을 짓는 일이 모두 끝났으며 옛날의 수원읍에 살던 사람들을 비롯해 근처에 살던 사람들이 새로 만들어진 도시로 이사를 했다. 이때 새 도시로 이사한 집이 모두 700가구가 넘는다고 하니 제법 규모가 큰 셈이었다.

1790년 2월, 좌의정인 채제공을 비롯한 조정 대신들과 수원 부사 등은 새 도시를 크게 발전시키기 위해 여러 가지 방법을 의논했다. 그 결과 수원에서

사직단 | 왕이 토지신과 곡물 신에게 제사를 지내는 제단.

장사를 하던 사람들에게 6만 5천 냥을 빌려 주어 그 돈으로 상업을 발전시키기로 했다.

수원은 이처럼 나라의 큰 도움을 받아 계획적으로 도시가 건설되었고 3년쯤 지났을 때는 조선의 두 번째 도읍으로 일컬어질 만큼 발전했다.

이 가운데 가장 눈에 띄는 것은 관청을 중심으로 큰 길가에 줄줄이 늘어선 가게들이었다. 비단 가게, 생선 가게, 옷감 가게, 소금 가게, 담배 가게, 국수 가게, 종이 가게, 신발 가게, 놋쇠 가게 등 수많은 가게들이 들어섰고 또 가게마다 손님들이 북적거렸다.

이렇게 새 도시인 수원이 발전하기 시작하자 정조는 1793년에 수원을 화성으로 바꿔 부르도록 했다. 수원으로 행차했던 정조가 채제공에게 말했다. 채제공은 정조에게 글을 가르쳐 준 스승이기도 했다.

"지금부터는 이 고을을 화성으로 부르는 게 좋겠습니다. 현륭원은 화산에 있고 수원의 중심지는 팔달산 남쪽에 있으니 화산 사람들이 성인, 즉 임금을 축하한다는 뜻입니다."

이와 함께 정조는 화성의 지위를 유수부로 높인 것은 물론 지방관의 지위도 부사에서 유수로 높였다. 정조는 또한 임금의 호위를 맡은 부대인 장용영의 군사 중 절반을 화성으로 보내 그곳을 지키도록 했다.

장용영은 정조가 왕이 되어 새로 만든 부대로 크게 내영과 외영으로 나뉘었다. 이 중 내영은 서울의 궁궐 안팎을 지키는 부대를 말하며 외영은 수원 화성을 지키는 부대였다.

정조가 이렇게 경호 부대를 강하게 만든 것은 신하들에게 휘둘리지 않고 왕권을 키우기 위해서였다. 따라서 장용영 군사들은 매일마다 사격술과 창검술, 기마술 등을 훈련하며 매우 뛰어난 무예를 갖추었다. 하지만 장용영은 정

유수부 |정치적으로나 군사적으로 중요한 고을로 조선 시대에는 개성, 강화, 광주, 화성 등의 유수부가 있었다. 이 가운데 개성과 강화 유수부는 종2품이, 광주와 화성 유수부는 정2품이 맡도록 했다. 그만큼 광주와 화성의 지위가 높았다는 뜻이다.

조가 세상을 떠나자 정순 왕후와 노론 세력에 의해 없어지고 만다.

1792년 4월, 홍문관에서 일하던 정약용에게 급한 소식이 날아왔다. 울산에 이어 진주의 원님으로 있던 그의 아버지 정재원이 위독하다고 했다. 정약

홍문관 |궁중에서 보관하던 귀중한 책과 문서 등을 관리하는 관청.

용을 비롯한 형제들은 서둘러 신주로 달려갔으나 그 사이에 아버지가 돌아가셨다는 소식이 전해졌다. 그들은 아버지의 임종도 지켜보지 못한 것이 너무 서글프고 송구스러웠다.

정약용의 형제들은 집안 조상들의 무덤이 있는 충주로 아버지의 시신을 옮겨 정성스럽게 장례를 치렀다. 장례를 마친 그들은 쓸쓸하고 서글픈 마음을 안고 고향인 마재로 돌아가 3년 동안 집에서 여막살이를 시작했다.

그런데 그해 겨울 정조가 정약용에게 신하를 보냈다.

"어쩐 일로 여길 오셨습니까?"

정약용이 관리에게 물었다.

"어명을 받들어 왔소. 주상 전하께서 화성에 성곽을 쌓으라는 분부를 내리셨는데 그 설계를 그대에게 맡기셨으니 서둘러 주시오."

보통 조선 시대의 벼슬아치들은 여막살이 하는 동안에는 맡고 있던 벼슬자리에서 물러나야만 했다. 여막살이가 끝날 때까지 어떤 벼슬도 맡지 않는 게 유학자들의 법도였기 때문이다. 정조도 이런 사실을 알고 있었기에 정약용에게 따로 벼슬을 내리지는 않았다. 대신 화성의 설계를 맡겼던 것이다.

정약용은 임금이 학문과 문화를 중요하게 여겼으며 자신과 같은 학자들을 아끼고 크게 쓸 줄 아는 마음 씀씀이에 감동했다.

"전하께선 상왕이 되신 뒤 화성에서 머무실 것이라 하셨소."

정조의 명을 받은 신하가 덧붙여 말했다. 화성에 새 도시가 건설되고 있다는 건 정약용도 잘 알고 있었다. 또 그곳을 안전하게 지켜 줄 성이 필요하다는 것도 짐작할 수 있었다. 하지만 그 무렵에는 성곽을 설계할 줄 알고 성을 쌓아 본 전문가들이 여럿 있었다. 그런 사실을 잘 알고 있던 정약용은 잠시 고개를 갸우뚱했다.

'전하께서는 하필이면 나 같은 사람에게 일을 맡기시려는 것일까?'

이를 궁금하게 여기던 정약용은 곧 임금의 뜻을 깨달았다.

임금이 세자에게 왕위를 물려주고 화성에 머물겠다는 것은 화성을 제2의 도읍으로 삼겠다는 뜻이었다. 그렇다면 화성에는 그동안 조선의 성들이 갖지

여막살이 | 돌아가신 부모님을 기리기 위해 묘지 근처에 움막을 짓고 묘를 돌보는 유교의 예법.

못한 새로운 기능이 필요했다. 성의 모양이나 특징, 성을 쌓는 기술 등 모든 것들이 그때까지 있던 성들과 달라야만 했다. 그렇다면 경험이 많은 전문가들보다는 정약용처럼 젊고 참신한 생각을 가진 사람이 훨씬 나을 게 분명했다.

정약용은 그날부터 화성을 설계하는 데 필요한 자료를 모으고 연구를 시작했다.

우리나라의 성은 크게 산성과 읍성, 도성, 행성 등 네 가지로 나눌 수 있다. 산성은 전쟁이 일어날 경우 마을에 살던 백성을 대피시키며 적과 싸우기 위해 만들었고, 읍성은 고을의 중심지를 둘러싼 성이다. 그 안에는 주로 지방 관청과 아전들의 집이 있었고 대부분의 백성은 읍성 밖에서 살면서 드나들었다. 그래서 읍성에는 적의 공격을 막아 낼 만한 시설이 별로 없었다. 도성은 임금이 사는 궁궐을 지키는 성이고, 행성은 국경이나 중요한 군사 요충지에 쌓는 성을 말한다.

이 가운데 정조가 정약용에게 설계를 맡긴 화성은 읍성과 산성의 구실을 함께 할 수 있어야 했다. 따라서 정약용은 화성을 설계할 때 평상시에는 백성이 그 안에서 생활할 수 있게 했다. 전쟁이 일어나도 따로 피난을 갈 필요가 없이 방어 시설을 제대로 갖춘 성을 만들기로 한 것이다. 이것이 화성의 여러 특징 가운데 하나이다.

그는 성을 튼튼하면서도 과학적으로 쌓기 위해 여러 가지 방법을 생각해 냈다. 그리하여 《성설》을 비롯해 《옹성도설》, 《누조도설》, 《현안도설》, 《포루도설》 등의 설계도를 담은 책을 지어 임금에게 바쳤다.

이 가운데 《성설》에는 화성의 전체 크기와 재료, 성을 쌓는 방법, 성을 쌓기 위해 필요한 도구, 성 주변의 도로와 그 밖의 구조물, 돌을 캐어 운반하는 방법 등에 이르기까지 성을 쌓기 위한 모든 내용이 자세히 기록되어 있다.

나머지 네 권의 책에는 성을 굳게 지키기 위한 장치인 옹성, 적이 성문에 불을 지를 것에 대비하여 만든 누조, 적을 감시하거나 공격하기 위해 만든 현안, 성벽에서 적을 무찌르게 하는 포루 등 여러 시설에 대한 자세한 설계도가 담겼다. 이런 다양한 시설과 구조를 갖추고 있어 화성은 조선과 유럽의 성이 가진 장점을 모두 살렸다는 평가를 받고 있다.

정약용은 《성설》 등의 설계도를 임금에게 올리면서 다음과 같은 편지도 함께 보냈다.

> 화성을 쌓기 위해서는 비용이 많이 들어갈 뿐만 아니라 일도 번거롭고 복잡할 것으로 생각됩니다.
> 따라서 일을 시작하기에 앞서 치밀한 계획을 세울 필요가 있을 것입니다. 소신이 지난날 읽고 들었던 내용들을 간추려 어리석은 소견을 말씀 드릴까 합니다.

정조는 정약용이 지은 책들을 모두 살펴본 뒤 크게 기뻐했다.

"매우 좋다. 이대로 화성을 쌓도록 하라."

나중에 정약용이 지은 《성설》 등의 내용은 《화성성역의궤》라는 책에 고스란히 실렸다. 이는 정조가 정약용의 의견을 따라 화성을 완성시켰다는 것을 뜻한다.

《화성성역의궤》는 화성을 완성한 뒤에 만들어진 종합 보고서이다.

이 책에는 정약용이 화성을 설계한 과정을 비롯해 실제로 지어진 건물의

▲ 《화성성역의궤》 | 1794년에서 1796년까지 경기도 화성에 성을 쌓고 새로운 도시를 건설한 일을 정리한 책.

모습과 크기, 특징은 물론 어떤 자재를 사용했고 어떻게 운반을 했는지, 어떤 사람들이 감독했으며 기술자는 모두 몇 명인지 등 사소한 내용까지 하나도 빼놓지 않고 실려 있다.

그래서 나중에 일제 강점기와 6·25 전쟁 때 화성의 여러 군데가 파괴되었어도 《화성성역의궤》를 보고 본래의 모습대로 살릴 수 있었다. 1997년 유네스코가 화성을 세계 문화유산으로 지정할 때에도 《화성성역의궤》는 매우 중요한 구실을 했다.

정약용의 화성 설계도를 보고 크게 만족한 정조가 어느 날 승정원 신하에게 물었다.

"성을 쌓으려면 무거운 돌을 나르고 높이 들어 올려야 하지 않겠는가?"

"그러하옵니다, 전하."

"아마 시간도 오래 걸리고 비용도 많이 들어갈 것이다. 그러나 정약용이 거중기를 쓰면 쉽게 해결될 것이라 하였다."

승정원 신하는 아무 대꾸도 없이 임금의 분부를 기다렸다.

"정약용에게 《기기도설》과 《무비지》라는 책을 보내 그 책들을 참고하여 거중기를 설계하도록 하라."

거중기는 지금의 기중기처럼 무거운 물건을 높이 들어 올리는 도구를 말한다.

정조가 정약용에게 보낸 《기기도설》은 청나라에서 수입한 《고금도서집성》이라는 책에 포함된 것이다. 《고금도서집성》은 스위스인 선교사이며 과학자인 요하네스 테렌츠가 지은 책이다. 이 책에는 서양 물리학의 여러 가지 이론과 도르래의 원리, 도르래를 이용한 여러 기계 장치의 그림 등이 실려 있다. 그리고 《무비지》라는 책은 성곽을 방어하는 시설물에 대한 내용을 담은 책이다. 정조는 정약용으로 하여금 이런 책들을 읽게 하고 화성을 쌓는 데 필요한 수많은 도구를 만들게 한 것이다.

정약용은 곧 거중기와 녹로, 유형거 등을 설계했다. 그리고 조정에서는 이 설계도에 따라 새로운 도구를 만들어 화성으로 보냈다.

정조는 화성을 쌓고 성안에 여러 건축물을 짓는 일을 맡게 될 '성역소'라는 기구를 만들었다. 그리고 명재상이었던 채제공을 성역소의 최고 책임자로 임명했다. 그만큼 정조는 화성을 개혁 정치를 이룰 수 있는 터전으로 삼고자 했던 것이다.

채제공은 첫 번째 화성 유수이자 성역소의 최고 책임자가 되어 이처럼 역사에 길이 남을 공사를 빠르고 완벽하게 이끌었다. 또 수원 부사를 지내며 새 도시를 건설했던 조심태가 성역소의 실제 책임자로 임명되어 큰 공을 세웠다.

화성 건설은 처음에 공사 기간을 10년으로 잡았다. 그만큼 규모가 크며 많은 자재와 일꾼들이 필요했기 때문이다. 하지만 1794년 1월부터 시작된 화성 건설은 1796년 9월에 모두 완공되었다. 공사를 시작한 지 2년 8개월 만이

녹로 |도르래를 이용해 무거운 물건을 들어 올리는 기구.

었다. 덕분에 성을 쌓을 때 들어가는 돈도 크게 줄일 수 있었다.

화성을 이렇게 빠르고 경제적으로 쌓을 수 있었던 데에는 몇 가지 이유가 있다. 먼저 정약용이 만든 치밀한 설계도와 거중기, 수레 등의 도구 때문이다. 정조는 나중에 화성 공사가 끝난 뒤 정약용의 거중기를 사용한 덕분에 4만 냥이나 절약하게 되었다면서 칭찬했다.

또 나라 안에서 손꼽히는 기술자들이 모여 열심히 일했던 것도 큰 도움이 되었다. 정조는 나라에서 하는 일이라도 기술자들을 강제로 부리지 않았다. 일을 한 만큼의 품삯을 제대로 챙겨 주었다. 그래서 기술자들은 더 많은 돈을 벌기 위해 부지런히 일했고 그 결과 화성의 공사 기간을 크게 줄일 수 있었다.

나라에서 기술자들에게 품삯을 주었던 것은 당시로서 매우 놀라운 일이었다. 그 전까지만 해도 나라에 큰 공사가 있을 때는 부역을 시키는 일이 많았다. 그러다 보니 백성들은 마지못해 날짜를 채웠으며 공사 기간도 한없이 늘어지기 일쑤였다. 하지만 정조가 일한 만큼 품삯을 주자 너도 나도 열심히 일하게 된 것이다.

1794년부터 화성을 쌓는다는 소식이 전해지자 그 소문을 들은 기술자들이 방방곡곡에서 모여들었다. 《화성성역의궤》의 기록에 따르면 목수와 미장이, 석공 등 기술자 1840명이 화성 건설에 참여했다고 한다. 이 가운데 석공이 가장 많았으며, 그림을 그리는 화공이나 벽돌을 굽는 기술자도 있었다. 화공의 경우 모두 46명이 있었는데 그중 40명이 스님들이었다. 그들은 모두 절에 단청을 칠하거나 벽화를 그리던 전문가들로, 그들이 없으면 일이 안 돌아갈 정도였다고 한다.

공사를 감독하던 관리들은 기술자들이 일했던 날짜를 꼼꼼히 기록해 모두 품삯을 주었다.

부역 | 관공서나 도로, 교량 등을 만들 때 백성이 의무적으로 바쳐야 할 노동력.

"자넨 어디서 온 누구인가?"

기술자들의 품삯을 담당했던 관리가 물었다.

"강화에서 왔수. 이름은 김큰놈이라 하오."

옛날의 농민이나 노비들은 한문으로 짓는 이름이 거의 없었다. 그래서 대개 김마당쇠, 이작은놈, 정쇠돌이, 윤어떤놈, 박착한놈 하는 식으로 불리는 경우가 많았다.

"김큰놈이라, 알았네."

관리는 장부에다 그 일꾼의 이름을 적고 일을 한 날짜와 품삯을 적어 나갔다. 하지만 우리말 이름을 억지로 한자로 적었기에 김큰놈은 김대노미(金大老味), 윤어떤놈은 윤어인노미(尹於仁老味)라는 식으로 적었다. 이때만 해도 한글이 푸대접을 받았다는 걸 잘 드러내는 기록이다. 그래도 이 같은 기록은 그 무렵 농민이나 노비들의 한글 이름을 연구하는 데 큰 도움을 주고 있다.

"이게 무엇에 쓰는 물건이오?"

화성을 쌓기 전 일꾼들은 여러 개의 도르래와 얼레가 매달린 거중기를 보고는 입을 다물지 못했다.

"거중기라고 한다네. 큰 돌을 들어 올리는 기계야."

"그런데 이걸 어떻게 쓰는 것이오?"

"백문이 불여일견이라네. 한번 보게."

거중기는 정약용이 처음으로 발명한 게 아니라 《기기도설》에 실린 그림을 참조해 비슷하게 설계한 것이었다. 하지만 도르래의 원리를 제대로 알게 된 정약용은 《기기도설》에 실린 것보다 훨씬 성능이 좋은 거중기를 개발할 수 있었다. 정약용이 개발한 거중기를 이용할 경우 30명이 7.2톤을 들어 올릴 수도 있었다고 하니 한 사람당 평균 240킬로그램이나 들어 올릴 수 있는 셈이었다.

"정말 신기한 기계올시다."

"제아무리 무거운 돌도 가뿐하게 들어 올리겠어."

거중기를 써 본 일꾼들은 저마다 그게 얼마나 쓸모 있는 물건인지를 실감했다.

정약용은 거중기와 녹로뿐만 아니라 옛날부터 쓰던 재래식 수레 대신 '유형거'라는 수레를 설계해 만들어 쓰도록 했다. 유형거는 튼튼한 바퀴뿐만 아니라 수레의 바닥과 바퀴 사이에 균형을 유지하는 '복토'라는 장치가 달려 있다. 그래서 무거운 짐이 한쪽으로 기울어지는 사고를 막을 수 있었다.

하지만 새로 만들어진 물건의 경우, 실제 사용할 때 생기는 단점을 여러 번 고치면서 보완해 나가야 한다. 거중기도 그 당시로서는 구조가 복잡하고 장소를 옮기는 게 쉽지 않아 그다지 인기를 끌지는 못했다. 그 대신 녹로는 많이 사

얼레 |줄 따위를 감는 데 쓰는 기구.

▲ 거중기

용되었다. 녹로는 거중기처럼 도르래의 원리를 이용하면서도 구조가 간단했기 때문이다.

그 외에도 소 마흔 마리가 끄는 대거를 비롯해 평거, 발거, 동거 등 여러 수레가 있었고 바닥에 여러 개의 둥근 막대를 늘어놓고 끌어당기는 도구인 구판, 썰매 등 다양한 도구가 함께 사용되었다. 신식 도구에 익숙하지 않았던 기술자들이 옛날부터 쓰던 친숙한 도구를 함께 이용하기도 했다.

화성을 쌓을 때 들어간 돌은 모두 18만 7600개이며, 여러 건물과 시설물을 쌓을 때 사용한 벽돌은 69만 5000장이었다. 이 많은 물건을 사람의 힘으로 일일이 옮기거나 들어 올렸다면 공사 기간이 원래 계획했던 10년도 넘게 걸렸을 것이다. 뿐만 아니라 많은 사람들이 다치거나 목숨을 잃었을지도 모른다.

그래서 정약용이 발명한 거중기와 녹로, 유형거를 비롯한 여러 가지 도구

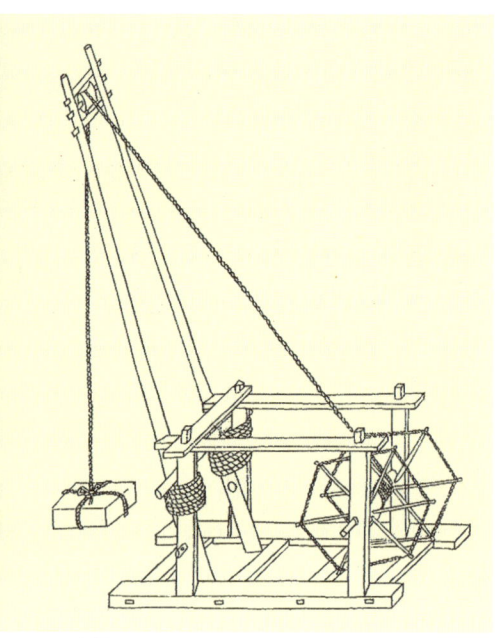
▲ 녹로

가 공사 기간과 비용을 크게 줄이는 데 중요한 구실을 했다.

정약용은 화성을 쌓기에 앞서 수레가 다닐 수 있는 길부터 닦도록 했다. 화성을 쌓을 때 필요한 자재를 운반하기 위해서였다. 그렇게 만들어진 길은 이웃 고을로 연결되어 수많은 상인들이 쉽고 편하게 드나드는 상업 도로로 발전했다.

화성이 빠르게 건설된 데에는 정조가 기술자들을 아끼며 그들에게 큰 관심을 가졌던 것도 빼놓을 수 없다.

정조는 화성을 튼튼하면서도 아름답게, 그러면서도 빠르게 완성시키려 했다. 그래서 그는 화성을 쌓는 동안 기술자들을 위해 여러 가지로 마음을 기울였다. 여름철에는 더위를 먹어 몸이 쇠약해진 기술자를 위해 척서단이라는 환약을 보냈으며 겨울철에는 털모자와 무명 한 필씩을 모든 일꾼들에게 내려 주어 추위를 막도록 했다. 뿐만 아니라 공사 기간 중 모두 열한 번이나 흰떡, 수육, 술, 밥, 생선 등의 음식을 내려 일꾼들을 격려해 주었다. 또 공사가 끝난 뒤에도 기술자들에게 여러 가지 상을 내려 그동안 화성을 건설하느라 애쓴 것을 보답했다.

이처럼 화성은 정조를 비롯해 채제공과 같은 관리와 수많은 일꾼들, 그리고 정약용처럼 젊은 실학자가 함께 이루어 낸 조선 후기의 빛나는 문화유산으로 남게 되었다.

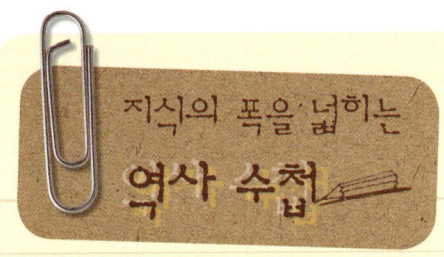

실학과 정약용

조선은 임진왜란과 병자호란 등 큰 전쟁을 치르면서 많은 변화를 겪었다. 그중 실학이 등장한 것을 대표적으로 들 수 있다. 실학이란 '백성의 실제 생활에 필요한 학문'이란 뜻이다. 오늘날로 치면 어렵고 딱딱한 철학 대신 인터넷이나 스마트폰 등의 원리와 그 사용 방법을 안내해 주는 학문과 같다고 볼 수 있다. 하지만 실제로 조선 시대에는 실학이란 말이 쓰이지 않았고 실학을 연구했던 학자들도 실학을 그냥 유학의 한 분야로 생각했다.

실학자들은 토지 제도를 개혁해 농사를 짓지 않는 사람들은 땅을 가질 수 없도록 했으며 누구든지 자신의 능력을 마음껏 펼쳐야 한다고 주장했다. 더 나아가 중국 중심의 유학보다는 우리 민족의 역사와 지리, 언어 등을 깊이 연구해 나라를 새롭게 가꿔 나가려고 했다.

실학자들은 농업을 중요하게 여기는 중농학파와 상업과 공업을 발진시켜 나라를 부강하게 만들자는 중상학파로 크게 구분되었다. 중농학파로는 유형원, 이익, 정약용 등이 대표적이고 중상학파로는 유수원, 홍대용, 박지원, 박제가 등이 대표적이다. 하지만 중농학파든 중상학파든 방법이 다를 뿐, 백성의 생활을 윤택하게 하며 나라를 개혁해 부강하게 키운다는 목적은 같았다.

정약용은 중농학파로 손꼽히면서도 정치와 경제, 군사, 문학, 수학, 생리학, 의학, 지리, 역사 등 여러 분야에 매우 큰 영향을 남겼다. 그래서 오늘날 정약용에 대해 실학을 집대성한 학자로 평가하게 된 것이다.

▲ 정약용

(07. 정조의 화성 행차)

　1794년, 화성 공사가 한창 진행되고 있을 때 서른세 살이었던 정약용은 여막살이를 끝냈다. 그는 홍문관의 수찬으로 임명되었다.
　정약용이 홍문관에서 일을 시작하던 날 밤이었다. 마침 그날은 숙직을 서는 날이라 집으로 가지 않고 밤늦도록 일을 하고 있었다. 대궐에서 내시가 나와 정약용을 불렀다.
　"전하께서 찾으십니다. 저를 따라오십시오."
　정약용은 고개를 갸우뚱하며 내시를 따라나섰다. 그는 아무리 생각해도 임금이 그처럼 늦은 시간에 자신을 부르는 까닭을 알 수가 없었다.
　정조 앞에 엎드린 정약용이 분부를 기다렸다.
　"그대를 부른 것은 바로 이것 때문이다."
　정조는 어명이 담긴 편지와 유척, 마패 등을 정약용에게 건넸다.

수찬 |책을 편집하는 일을 맡은 정6품의 벼슬.
유척 |조선 시대에 길이를 재는 표준으로 삼기 위해 만든 자. 약 33센티미터.

정약용은 그런 물건들을 받으며 어리둥절해졌다.

"과인은 그대를 암행어사로 임명한다. 날이 밝는 대로 동대문 밖으로 나가 이 서찰을 뜯어 보도록 하라."

이튿날 새벽, 동대문을 벗어난 정약용은 아무도 없는 곳에서 임금의 편지를 뜯어 보았다.

"요즘 여러 고을 지방관들이 본분을 다하지 못하고 백성의 등골을 휘게 한다는 원망이 많다. 이에 따라 과인은 각지에 암행어사를 보내 지방관들의 잘잘못을 낱낱이 살펴 잘못된 것은 바로잡고, 백성을 편히 살도록 할 작정이다. 이런 뜻을 받들어 그대는 맡은 바 소임을 다하도록 하라."

편지에는 이 밖에도 여러 명의 암행어사 중 정약용에게는 경기 북부 지방을 맡긴다는 내용이 담겨 있었다. 또 정약용이 맡아야 할 자세한 임무와 암행을 해야 할 고을의 순서도 적혀 있었다.

암행어사가 된 정약용은 곧 평범한 선비처럼 옷을 갈아입은 뒤 평민들 틈에 섞여 정보를 모으기 시작했다.

먼저 적성현에 도착한 그는 백성이 얼마나 고달프게 살고 있는가를 살펴보았다. 그리고 그 느낌을 시로 지었다.

……
집 안의 물건 쓸쓸하기 짝이 없어
모두 팔아도 7, 8전이 안 되겠네.
개 꼬리 같은 조 이삭 세 줄기와
닭 창자 같은 마른 고추 한 꿰미

적성현 | 지금의 경기도 파주군 적성면.

깨진 항아리는 헝겊으로 발라 막고
주저앉은 시렁대 새끼줄로 얽어맸네
……

〈적성촌의 한 집에서〉라는 시의 한 부분이다.

그런데 정약용은 적성의 백성이 이처럼 가난하게 사는 것이 그곳 사또의 잘못이 아님을 알게 되었다. 당시의 여러 가지 제도나 잘못된 세금 정책이 그런 문제를 일으킨다는 걸 깨달았던 것이다.

정약용은 적성을 다스리던 현감을 몰래 조사한 결과 현감이 백성을 부지런히 보살폈으며 홍수나 가뭄이 들었을 때도 세금을 덜어 주는 등 많은 노력을 기울인 것을 알았다. 정약용은 자신이 확인하고 조사했던 내용을 꼼꼼히

적어 임금에게 올린 다음 적성을 떠나 이웃 고을로 향했다. 그때 그는 혼자 혀를 찼다.

'정직하고 어진 현감이 다스리는 고을의 백성도 이처럼 어렵게 살고 있으니 탐관오리가 우글거리는 고을 백성은 오죽하랴!'

그는 연천과 삭녕으로 옮겨서 여러 가지 정보를 수집해 나갔다.

그 결과 그곳의 백성들도 하루하루 힘들게 살아가는 것을 보았다. 어떤 집에서는 환곡을 제대로 갚지 못해 온 가족이 뿔뿔이 흩어진 경우도 있었다. 정약용은 여러 가지 방법으로 자세히 조사를 한 끝에 당시 사또들 잘못이라기보다 전임 사또들의 잘못이 매우 컸음을 밝혀냈다. 그들이 높은 세금을 매겨 농민들을 착취했으며 그런 세금을 빼돌려 흥청망청 썼음을 알게 된 것이다. 정약용은 이런 사실을 자세히 기록해 정조에게 보고했다.

이 무렵 정약용은 경기 감사 서용보가 한강 주변 지역에서 거둔 곡식을 비싸게 팔아 큰 이익을 남긴 것을 밝히고 그 일도 보고했다. 이에 앞서 정약용이 서용보에게 물었다.

"이 많은 돈을 어디에 쓰시려고 빼돌린 것입니까?"

"그야 상감께서 행차하실 길을 닦으려고 마련한 것이지. 상감께서 해마다 수원으로 행차하시는데 그런 길을 아무렇게나 닦으면 되겠는가?"

"하지만 곡식 속에 모래나 쌀겨를 넣어 무게를 속이고 값을 비싸게 받아서야 되겠습니까? 지방관이 백성을 속이고 괴롭게 한 것은 큰 잘못입니다."

정약용은 서용보의 벼슬이 자신보다 훨씬 높았지만 그렇다고 해서 대충 넘어가지 않았다. 오히려 높은 벼슬을 가진 사람들의 잘못을 낱낱이 밝히고 원칙대로 처벌을 받게 했다.

삭녕 | 지금의 경기도 연천과 강원도 철원에 걸쳐 있던 고을.

정조가 수원으로 행차할 때는 노량진을 지나 과천 쪽으로 가는 길과 시흥 쪽으로 가는 길이 있었다. 정조는 처음에 과천 길을 이용했다. 그런데 과천을 지나가려면 남태령이라는 큰 고개를 넘어야 하는 데다 건너야 할 개울이 많아 여간 불편하지 않았다. 그래서 새로 찾은 길이 바로 시흥 길이었다. 이 길은 지금도 1번 국도로 쓰이고 있다.

그런데 그때의 시흥 길은 과천 길에 비해 폭이 좁았으므로 임금이 행차하는 데 불편한 점이 많았다. 경기 감사 서용보는 이 길을 닦기 위해 관청의 곡식을 비싸게 팔았다고 변명한 것이다. 하지만 시흥 주변 사람들은 울며 겨자 먹기로 비싼 값에 곡식을 사게 된 것이 이만저만 억울하지 않았다. 그래서 틈만 나면 임금님을 원망했다.

"나라님이 화성으로 행차하시는 게 괴롭구나. 과천에도 멀쩡한 길이 있는데 하필이면 시흥으로 지나가실 게 뭐란 말인가."

암행어사 정약용은 이처럼 백성을 괴롭힌 서용보의 잘못을 정조에게 보고했다.

서용보는 그 일로 벌을 받게 되었다. 하지만 정조가 죽은 뒤 다시 권력을 얻게 된 그는 그때의 일을 잊지 않고 정약용에게 지독하게 보복했다.

정약용은 백성을 괴롭히는 탐욕스러운 벼슬아치들에 대해서는 지위가 높고 낮은 것을 가리지 않고 엄하게 다스렸다. 이 때문에 백성은 그를 좋아하고 존경했으나 탐관오리들은 어떻게 해서든 그를 몰아내기 위해 기회를 노렸다.

암행어사 임무를 마치고 난 정약용은 그 뒤 짧은 기간 동안 홍문관 부교리, 사간원 사간을 거쳐 정3품인 승정원 동부승지가 되었다. 몇 달 사이에 벼슬이 6단계나 올라간 것이다. 정조는 그만큼 정약용을 아꼈으며 곁에 두고 중요한 일을 맡기려고 했다.

1795년 2월, 서른네 살의 정약용은 병조참의로 임명 받았다.

정조는 한 달 후인 윤2월에 어머니인 혜경궁 홍씨의 회갑 잔치를 화성에서 치를 작정이었다. 이 회갑 잔치를 열기 위해서는 평소보다 더 많은 사람들이 따라가야 했는데 이 행차의 호위를 정약용에게 맡겼던 것이다. 약 6000명이 한꺼번에 움직일 정도로 대단한 행차였기에 호위 책임자인 정약용은 매우 중요한 임무를 맡은 셈이었다.

왕이 종묘 또는 왕릉을 찾아가 절을 올리는 것을 '전배'라고 한다. 조선 시대의 역대 왕들은 종묘에는 일 년에도 여러 차례 전배했지만 왕릉에 전배하는 경우는 그리 많지 않았다. 대부분의 왕릉이 고양, 양주, 김포, 여주 등 서울근교에 있었기 때문이다.

그런데 정조는 여느 왕들과는 달리 왕릉 전배를 많이 했다. 아버지의 능을 모신 화성 현륭원을 비롯해 태조 이성계의 능, 할아버지 영조의 능 등 전배를 자주 다녔다. 특히 현륭원에는 일 년에 한 번 이상은 반드시 전배를 했다.

1795년에는 어머니 혜경궁 홍씨를 모시고 현륭원에 전배한 뒤 회갑 잔치를 열어 드릴 작정이었다. 이때의 행차는 여러 가지로 의미가 깊고 규모도 컸다. 그래서 정조는 화성으로 출발하기 전부터 몇 차례나 예행연습을 하는 등 행사에 차질이 없도록 했다.

이윽고 윤2월 9일이 되자 창경궁 앞에는 관복을 화려하게 차려입은 군사들의 행렬이 끝없이 늘어서기 시작했다. 이 행렬의 한 가운데는 정조가 탄 가마가 있었고 그 뒤로는 혜경궁 홍씨를 모신 가마가 뒤따랐다.

모두 6000명이 넘는 사람들이 끝도 보이지 않을 정도로 늘어선 임금의 행차는 한강 배다리를 건너간 뒤, 저녁 무렵 시흥에 도착하여 그곳 행궁에서 하룻밤을 묵었다.

종묘 |역대의 왕과 왕비의 신주를 모신 사당.

행차는 이튿날인 윤2월 10일 오후에야 화성 행궁에 도착했다.

정조는 화성 행궁에서 하루를 보낸 뒤 11일 아침에는 공자의 위패를 모신 공자묘에 들러 참배했다. 그 다음 날인 12일에는 어머니를 모시고 현륭원을 참배했다. 이때 혜경궁 홍씨는 남편 장헌 세자의 능 앞에 엎드려 서글피 울었다.

이윽고 윤2월 13일이 되었다. 이 날은 혜경궁 홍씨의 회갑 잔치가 열리는 날이었다. 수백 명의 신하들과 왕실 가족들이 모여 앉은 가운데, 형형색색으로 차려 입은 기생들이 춤을 추고 노래를 부르며 흥을 돋웠다.

이날 정조는 예법에 따라 어머니에게 술을 올렸다. 그리고 어머니의 은혜에 감사를 드리고 오래오래 사시기를 기원했다.

"오늘 긴긴 봄날, 이곳 장락궁에서 술잔을 올리면서 세 차례나 축원을 드립니다. 자손에게 끼쳐 주신 어머님 은혜, 그 무엇이 이보다 높으리까. 복록이 풍성하게 넘쳐흐르며 찬란하게 빛나옵니다……."

정조는 이런 축원을 드린 뒤 어머니를 위해 천세를 세 번 불렀다.

"천세, 천세, 천천세!"

이 뜻깊은 행사를 맞아 혜경궁 홍씨는 감격의 눈물을 흘렸다.

이날의 잔치는 밤늦도록 계속되었다.

또 이튿날에는 벼슬아치들뿐만 아니라 일반 백성에게 쌀과 음식을 베풀어 주는 행사가 있었다. 특히 현륭원 주변에 사는 농민들에게는 2년 동안, 화성 안팎에 사는 농민들에게는 1년 동안 세금을 내지 않도록 해 주었다.

더욱이 정조는 이 회갑 잔치에서 쓰고 남은 돈으로 쌀을 마련해 나라의 모든 고을에 골고루 나눠 주었다. 모든 백성이 함께 혜경궁 홍씨의 잔치를 즐기도록 하려는 뜻이었다.

▲ 《원행을묘정리의궤》 | 정조의 어머니인 혜경궁 홍씨의 회갑연을 기록한 책. 《정리의궤》라고도 부른다.

그 뒤 정조가 8일 동안 수원에 머물며 치렀던 행사는 도화서의 화원(화가)들이 자세한 글과 그림으로 기록해 《원행을묘정리의궤》라는 책으로 펴냈다.

학문이 깊고 효성이 지극했던 정조는 이처럼 나라의 중요한 행사를 꼼꼼히 기록하여 후세의 사람들이 본받게 했다.

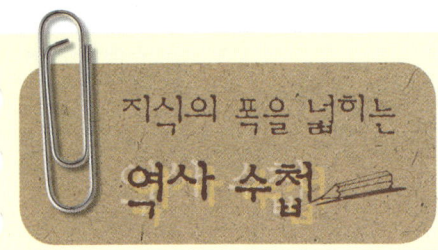

궁궐의 종류

지금 서울에 남아 있는 궁궐은 경복궁, 창덕궁, 창경궁, 경희궁, 덕수궁 다섯 군데이다. 이 가운데 경희궁은 본래의 모습을 거의 찾아볼 수 없는 상태이며 다른 궁궐들도 일제 강점기를 거치면서 부서지거나 파괴되어 원래의 모습과 달라졌다.

이들 다섯 궁은 한꺼번에 사용된 것은 아니었다. 국왕이 계속 머물면서 나라의 일을 보는 법궁으로 쓰이기도 했고, 또 잠시 동안 머물던 이궁으로 쓰이기도 했다.

서울에 지어진 다섯 궁궐 외에 왕이 서울을 벗어나 행차를 할 때 쓰기 위해 만들어진 궁궐도 있었다. 이런 궁을 행궁이라고 부른다. 조선 시대의 행궁은 화성을 비롯해 온양, 남한산성, 북한산성, 시흥, 강화도, 평양 등에도 있었다.

▲ 경복궁
|조선의 건국과 함께 세워진 법궁.

▲ 창경궁
|왕대비가 거주하는 이궁으로 지어졌다가 임진왜란 이후 법궁으로 쓰였다.

▲ 덕수궁
|임진왜란 때 모든 궁궐이 불에 타 사라지자 이궁으로 이용된 월산 대군의 집.

08. 시련의 나날들

1794년 12월 말, 중국의 한 사내가 압록강 근처에 있던 조선과 중국의 국경을 넘어 몰래 들어왔다. 매서운 눈보라를 뚫고 조선 땅으로 들어온 그는 주위를 두리번거렸다. 자신을 애타게 기다리고 있을 조선의 천주교인들을 찾기 위해서였다.

곧 조선에서 온 두 명의 천주교인이 사내가 있는 쪽으로 다가섰다.

"혹시 주문모 신부님이신가요?"

며칠째 그를 기다렸던 윤유일이 물었다.

"그렇습니다. 이처럼 추운 날씨에 오래 기다리셨습니다."

주문모 신부가 대답했다.

"아닙니다. 먼 길 오시느라 애쓰셨습니다. 어서 저희를 따라오시죠."

곧 조선 사람처럼 변장한 주문모는 윤유일과 지황을 따라 서울로 향했다.

일행은 다른 사람들의 눈을 피해 낮에는 숨고 밤에만 걸어서 12일 만에 서울까지 무사히 도착했다. 그동안 한 해가 저물고 어느새 1795년 정월 초순이 되어 있었다.

이렇게 몰래 입국한 주문모는 조선을 처음 찾은 외국인 신부로 조선 천주교를 발전시키는 데 크게 이바지한 인물이다.

그동안 조선 천주교인들은 명례방 사건과 진산 사건 등으로 큰 위기를 맞았다. 특히 진산 사건은 유교의 전통과 천주교 교리가 서로 충돌하는 결정적인 계기가 되어 그 뒤에 일어날 여러 가지 박해의 원인이 되었다.

진산 사건은 주문모 신부가 들어오기 4년 전인 1791년에 일어났다. 그때 서울에서는 이상한 소문이 돌았다. 전라도 진산에 사는 윤지충이라는 선비가 외종사촌인 권상연과 함께 부모님의 제사를 없애고 신주를 불태웠다는 소문이었다.

이 소문을 들은 홍낙안 등 노론 세력은 즉시 진산 군수에게 편지를 보내 사건의 내막을 알아보게 했다. 그 결과 소문이 사실이라는 게 밝혀지자 나라에서는 윤지충을 붙잡아 사형시켰다. 윤지충이 제사를 지내지 않았던 것은 천주교의 가르침을 지키기 위해서였다.

하지만 그 무렵에는 조상에게 제사를 지내지 않고 신주를 불태운 일은 나라에 역모를 일으키는 것만큼이나 매우 심각하고 충격적인 일이었다. 유교의 뿌리를 흔드는 일이었기 때문이다. 나라에서는 윤지충을 사형시켰을 뿐만 아니라 규장각에 보관되어 있던 천주교 관련 책들을 모두 불태웠다. 그리고 누구든 천주교를 믿거나 천주교에 관련된 책을 갖고 있는 사람에 대해서는 엄하게 다스리겠다고 선포했다.

이를 진산 사건이라 부르는데 그 뒤로 수많은 천주교인들, 특히 양반들이 천주교를 등지게 되어 조선 천주교는 크게 휘청거리는 듯했다. 하지만 이미 중인과 평민들 사이에서는 천주교가 뿌리 깊게 자리 잡은 터라 그들을 중심으로 더욱 세력을 넓혀 나갔다.

진산 사건 후 천주교인들은 날마다 초조한 마음으로 지낼 수밖에 없었다. 그들은 조선에 천주교 성직자, 그러니까 신부가 없어 천주교의 발전이 더디고 계속 탄압을 받는 것으로 여겼다. 이에 따라 몰래 베이징의 천주교구에 편지를 보내 서양인 신부를 조선으로 파견해 달라고 요청했다.

베이징 천주교구에서는 곧 서양인 신부를 조선에 보내려고 했다. 하지만 그 신부는 국경에서 안내를 맡을 조선인들과 길이 엇갈려 다시 중국으로 발길을 돌리고 말았다. 그 뒤 베이징에서는 서양인 대신 조선인과 겉모습이 비슷한, 중국인 신부를 보내기로 했다. 그가 바로 주문모 신부였다. 주문모는 베이징 천주교구가 세운 신학교의 첫 번째 졸업생으로, 신앙이 깊고 여러 나

▲ **전동성당** | 진산 사건 때 천주교인들이 순교한 자리에 세워진 성당. 1914년에 완공되었다.

라의 말을 할 줄 아는 사람이었다.

몰래 서울에 도착한 주문모는 윤유일이 마련해 준 계동 집에 머물며 천주교 신자들에게 세례를 주는 등 신앙 활동을 시작했다. 물론 주문모가 조선에 들어와 선교를 하고 있다는 것을 아는 사람들은 천주교 신자들뿐이었다. 하지만 영원한 비밀은 없었다.

주문모 신부가 조선에서 선교 활동을 한 지 반년쯤 지났을 때였다. 천주교인 중 한 사람이 배교하면서 중국인 신부가 서울에서 활동하고 있다는 것을 고발했다. 조정에서는 즉시 주문모를 체포하려고 했지만 그 정보를 미리 안 천주교인들의 도움으로 주문모 신부는 급히 몸을 숨겼다.

중국인 신부를 체포하는 데 실패한 포도대장은 그를 빼돌린 것으로 의심

배교 | 믿고 있던 신앙을 등지는 일.

되는 조선 천주교인 세 명을 체포해 심하게 고문했다.

"어서 그놈이 있는 곳을 대지 못하겠느냐?"

포도대장이 세 사람에게 한바탕 주리를 튼 다음 다그쳤다. 하지만 목숨을 바칠 각오가 돼 있던 세 사람은 끝내 주문모 신부가 숨은 곳을 밝히지 않았다. 결국 그들은 바로 이튿날 사형 선고를 받고 세상을 떠났다.

이때 주문모 신부는 한 여신도의 집에 숨어서 계속 조선 천주교의 기틀을 다져 나갔다.

그러나 중국인 신부가 조선에 몰래 들어와 천주교를 전하고 있다는 소식이 전해지면서부터 나라 안은 용광로처럼 들끓기 시작했다. 또 이 사건으로 천주교인들과 가깝게 지냈던 정약용도 입장이 곤란해졌다.

노론 세력은 임금에게 여러 차례 상소를 올려 남인들을 공격했다. 대부분의 남인들이 나라에서 금지하는 천주교를 믿고 있으니 처벌해야 한다는 내용이었다. 노론의 공격을 받던 사람들 중에는 이가환, 정약용도 포함되어 있었다.

그럴 때마다 정조는 그들의 주장이 터무니없다며 상소를 물리쳤다. 하지만 그들이 끈질기게 남인들을 공격하자 정조는 하는 수 없이 노론의 주장을 받아들였다. 바로 그 무렵, 진산 사건이 일어났기 때문이다.

본래 정조는 서양의 과학과 기술을 조선에서 받아들여 발전시켜야 할 것으로 여겼고 천주교인에 대해서도 탄압할 생각은 없었다. 하지만 임금보다 천주(하느님)를 가장 먼저 섬기며, 조상에게 제사를 지내서는 안 된다는 천주교 교리를 알게 되면서 그 생각이 달라졌다.

정조는 이가환, 정약용의 지위를 크게 낮추어 지방관으로 보냈다. 또 적극적으로 천주교를 선교한 이승훈은 충청도 예산으로 유배형을 내렸다. 이렇게

한 것은 더 이상 천주교를 믿거나 전하지 못하게 경고하는 뜻과 함께 노론의 공격을 미리 막아 주려는 정조의 배려이기도 했다.

하지만 정약용은 진산 사건에 충격을 받고 이미 천주교에 거부감을 가지고 있었다.

실제 진산 사건을 일으킨 윤유일은 정약용과 먼 친척 사이였다. 정약용의 셋째형 정약종, 매부 이승훈, 누이들, 사돈인 이벽 등 가까운 사람들도 믿음이 깊은 천주교인들이었다. 하지만 천주교의 교리가 아무리 훌륭하고 신선하다 해도 조상들에게 제사를 지내지 않는 것을 정약용은 이해할 수 없었다.

따라서 그는 귀양살이나 다름없는 충청도 금정의 찰방으로 있으면서 자신이 스승으로 섬겨 왔던 성호 이익의 학문을 더욱 깊이 연구하는 데 열중했다. 뿐만 아니라 그는 천주교인들 가운데 매우 큰 영향력을 가진 이존창이라는 사람을 체포하기도 했다.

이존창은 진산 사건이 일어난 뒤에도 천주교를 더욱 열심히 믿고 널리 퍼뜨리던 사람이었다. 그만큼 천주교인들 사이에선 중요한 인물이었다. 정약용이 그런 사람을 붙잡은 것은 자신이 더 이상 천주교와 관련이 없다는 걸 증명하는 일이기도 했다.

이 사실은 즉시 왕에게 알려졌다.

정조는 얼마 지나지 않아 정약용을 다시 서울로 불러들여 여러 가지 벼슬을 맡겼다. 이때 정약용이 맡았던 벼슬은 모두 한가로운 자리여서 특별히 할 일이 없었다. 정조가 정약용에게 당장 큰일을 맡기지 않은 것은 이듬해 여름, 그를 동부승지로 임명하려는 계획이 있었기 때문이다.

그런데 막상 정조가 정약용을 동부승지로 임명하자 정약용은 그 벼슬을 사양하겠다는 상소를 임금에게 올렸다.

찰방 |각 도의 역참에서 역마에 관한 일을 담당하던 종6품 벼슬.
동부승지 |국왕의 비서 기관인 승정원에 속한 정3품 관직.

……소신은 일찍이 서학에 대한 책을 본 적이 있습니다. 이때 보았던 내용은 천문과 농정, 측량 등 서양의 과학 기술에 대한 것들이었습니다. 신이 이런 책을 읽었던 것은 그 당시 젊은 선비들 사이에서 이런 지식을 갖춘 사람들을 해박하다고 손꼽았기 때문입니다. 하지만 성균관에 들어간 뒤로는 과거 공부에 바빠 서학에 마음 쓸 여유가 없었습니다. 그 뒤에도 한때 천주교 교리를 알게 되었으나 그것이 유학의 가르침에 크게 어긋난다는 것을 알고는 더 이상 천주교를 마음에 두지 않게 되었습니다. 신, 정약용은 이와 같이 큰 벌을 받아 마땅한 죄를 지었습니다. 하오나 이제 다시 유교 성현들의 말씀을 받들게 되었으니 이 모두가 전하의 크나큰 은혜 덕분이라고 생각합니다. ……이제 소신은 고관대작이 되는 것을 조금도 바라지 않습니다. 오직 목숨을 바쳐 제가 한때나마 서학에 빠졌던 어리석음을 씻어 내길 바랄 뿐입니다.

이 상소는 정약용의 양심 고백이었다. 정조는 자신의 죄를 스스로 고백한 정약용에게 더 이상 사양하지 말고 동부승지를 맡아 열심히 일하라고 분부했다. 그러나 이 상소의 내용을 알게 된 노론 세력은 정약용이 천주교 신자라는 걸 스스로 고백한 것이라며 몰아세웠다. 그들이 줄기차게 정약용을 공격하자 정조도 한 발 뒤로 물러서는 수밖에 없었다.

그로부터 한 달 뒤 정조는 정약용을 황해도 곡산 지역의 부사로 임명했다.

정약용이 곡산 부사로 가기 전 그곳에서는 심각한 사건이 일어났다.

곡산 관아에서 군포를 내야 할 40명에게 정해진 세금보다 다섯 배나 많은 900냥을 거둔 게 원인이었다. 이런 횡포를 보다 못한 이계심이라는 사람이 말했다.

군포 |병역 의무를 가진 남자들이 군대에 가는 대신 바치는 세금.

"억울한 일이 있으면 사또한테 따지는 게 마땅한 일이오. 내가 앞장설 테니 함께 우리의 억울한 사정을 호소합시다."

그의 용기에 힘을 얻은 사람들은 금세 소문을 퍼뜨렸다. 그래서 이계심이 관가에 도착했을 때는 어느새 천여 명이나 되는 백성이 모여들었다.

이계심이 대표로 나서 아전들의 잘못을 조목조목 따지고 들자 곡산 부사가 말했다.

"저, 저런 괘씸한 놈! 여봐라, 저놈을 형틀에 매달아 매우 쳐라."

하지만 곡산 백성은 이계심을 감싼 채 서로 자기가 대신 매를 맞겠다며 나섰다. 그럴수록 곡산 부사는 고래고래 소리를 질렀다.

"여봐라! 저놈들을 닥치는 대로 후려갈겨라."

군졸들은 이계심을 감싼 사람들에게 마구 곤장을 휘둘렀다. 그 틈에 이계심은 재빨리 달아나 어디론가 자취를 감췄다. 곡산 부사는 하는 수 없이 민란이 일어났다는 보고를 올렸다.

곧이어 정약용이 새 곡산 부사로 부임하게 되자 조정 대신들은 민란을 일으킨 이계심부터 체포해 사형시킬 것을 요구했다. 얼마 후인 1797년 윤6월, 정약용이 곡산에 도착하자 누군가가 그 앞으로 나섰다. 바로 민란을 일으켰다는 이계심이었다. 정약용은 크게 놀랐지만 마음을 가라앉히고 용건을 물었다. 그때 군졸들은 이계심을 당장이라도 체포할 듯 위협했다.

"내가 명을 내리기 전까지 그 사람을 가만히 놓아두어라."

정약용이 이렇게 말하자 이번에는 이계심이 깜짝 놀랐다. 틀림없이 새 사또가 부임하면 자신을 체포해 사형시킬 줄 알았기 때문이다. 이계심은 안도의 한숨을 내쉬며 소매에 넣어 두었던 서찰을 꺼내 정약용에게 바쳤다.

"사또, 이 호소문을 읽어 주십시오."

이계심의 글을 자세히 읽고 난 후, 정약용이 말했다.

"자네가 백성을 선동한 것은 벌을 받아 마땅하네. 하지만 그들의 억울함을 대신 호소한 것이니 죄를 묻지 않겠네. 형벌을 두려워하지 않고 백성을 위해 앞장섰으니 그 용기를 칭찬하는 뜻으로 자네를 석방하겠네."

이렇게 되자 이계심은 물론 곡산의 모든 백성은 자신의 귀를 의심할 정도였다. 그들은 오히려 새로 부임한 사또에게 무슨 꿍꿍이가 있지 않을까 불안하게 여겼다.

하지만 정약용은 그 뒤에도 곡산 백성을 어질게 대했고, 억울한 일을 당하지 않도록 세심하게 보살폈다. 또 관아의 아전들이 백성의 세금을 떼어먹고 행패를 부리는 버릇을 단단히 뜯어고쳤다.

이렇게 정약용이 어진 정치를 펴 나가자 곡산 고을의 살림살이는 몰라보게 좋아졌다. 뿐만 아니라 곡산 사람들은 어느새 정약용을 마음 깊이 존경하고 따르게 되었다.

이 일은 훗날 정약용의 목숨을 구하는 중요한 계기가 되기도 했다. 신유박해가 일어나 정약용이 잡혔을 때 황해도 지방을 돌아보고 왔던 노론 쪽의 한 신하가 이렇게 주장한 것이다.

"정약용은 곡산 부사로 있을 때 백성의 존경을 받았으며 큰 인심을 얻었소. 지금도 황해도 백성이 그를 칭송하고 있는데 그런 사람을 함부로 죽인다면 그들이 가만히 있지 않을 것이오."

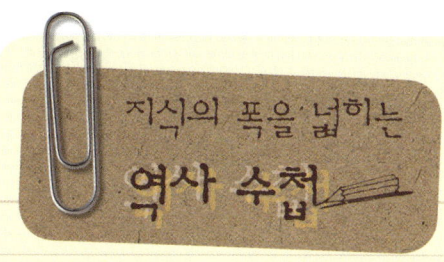

천주교 4대 박해

1) 신유박해 : 1801년(순조 1년)에 일어난 사건으로 순조의 수렴청정을 맡은 정순 왕후 김씨의 천주교 금교령으로 시작되었다. 정약종을 비롯한 100여 명이 순교했고 400여 명이 유배형을 받았다. 당시 천주교가 빠른 속도로 세력을 넓히자 이에 위협을 느낀 노론 등의 지배 세력이 반대파인 남인을 탄압하기 위해 일으킨 사건이었다.

2) 기해박해 : 1839년(헌종 5년)에 일어난 천주교인 박해 사건이다. 70여 명의 천주교인이 참수 당했다. 권력을 쥐고 있던 안동 김씨가 천주교인에 대해 관대한 태도를 보이자 이를 빌미로 반대파인 풍양 조씨가 정권을 잡기 위해 일으킨 사건이었다.

▲ 김대건 신부의 초상

3) 병오박해 : 조선 최초의 신부인 김대건이 체포된 후 천주교인의 뿌리를 뽑겠다며 일으킨 사건이었다. 1846년(헌종 12년)에 일어났으며 김대건 신부 외에 8명의 평신도가 처형되었다.

4) 병인박해 : 1866년(고종 3년)에 일어난 대대적인 천주교 박해 사건이었다. 프랑스 등 서양 세력이 문호 개방을 요구하자 고종을 대신해 정치를 하던 흥선 대원군이 이를 막는다는 구실로 천주교 탄압령을 내렸다. 이 일로 프랑스 신부 9명을 비롯해 조선의 천주교인 8000여 명이 숨졌다. 또한 이 사건의 책임을 묻겠다며 같은 해 늦가을, 프랑스 함대가 강화도를 침략한 '병인양요'를 일으키기도 했다.

09. 신유박해와 황사영 백서 사건

　　정조는 곡산 고을 백성의 존경을 한 몸에 받았던 정약용을 서울로 불러들여 중요한 벼슬을 맡기려고 했다. 어느새 정약용은 채제공에 이어 최고의 정승 후보로 손꼽힐 만큼 이름이 높아졌다.

　　하지만 노론 세력이 그를 가만히 내버려둘 리가 없었다. 정약용이 높은 지위에 올라 큰 권력을 가질까 두려웠기 때문이다. 그들은 아주 작은 일이라도 크게 부풀려 정약용을 헐뜯는 데 혈안이 되어 있었다. 정약용에게 흠이 보이지 않을 때는 둘째 형인 정약전을 물고 늘어지기도 했다.

　　그런 마당이라 정약용은 아버지 정재원이 그랬던 것처럼 벼슬자리에 미련을 갖지 않았다.

　　그렇지만 젊고 능력 있는 신하가 필요했던 정조는 몇 번이나 정약용을 불러 벼슬을 맡기려고 했다.

"그대는 저들(노론)의 말에 흔들리지 말고 하루빨리 형조참의로 부임하도록 하라."

"전하, 소신은 11년 동안 벼슬아치로 있으면서 단 하루도 마음 편히 지낸 적이 없었습니다. 이제는 고향으로 내려가 책이나 읽고자 하오니 윤허하여 주시옵소서."

정약용도 왕권을 튼튼히 갖추고 여러 가지 개혁을 펼치고 있는 임금을 곁에서 모시고 싶었다. 또 그렇게 하는 게 신하의 도리임을 잘 알고 있었다. 하지만 임금의 명을 받들어 다시 중요한 자리에 오른다면 노론 세력이 더욱 줄기차게 모함을 할 것이며 그럴 경우 자신은 물론 임금에게도 큰 짐이 될 것이 분명했다. 이런 판단에 따라 정약용이 고집스럽게 벼슬을 사양하자 정조도 어쩔 수 없이 그가 고향으로 내려가는 것을 허락했다.

홀가분한 마음으로 마재로 돌아간 정약용은 날마다 책을 읽고 시를 지으며 모처럼 한가로운 나날을 보냈다.

그러던 어느 날, 정약용에게 하늘이 무너질 듯한 소식이 날아왔다. 정조가 갑자기 세상을 떠났다는 것이다.

정조는 1800년 6월 28일, 마흔아홉 살로 숨졌다. 이때 정약용은 서른아홉 살이었다. 정조가 숨진 가장 큰 원인은 종기 때문이라고 했다. 요즘에는 종기가 흔하지도 않고 그런 병이 생긴다고 해도 간단히 치료할 수 있지만 그 시절에는 좀처럼 고칠 수 없는 고질병 중 하나였다.

정조는 등에 난 종기 때문에 몇 년 동안 고생을 했다. 그동안 수많은 명의들이 그의 종기를 고치려고 갖은 처방을 다 써 보았지만 별다른 효험을 보지 못했다.

정조의 갑작스런 죽음은 조선을 커다란 소용돌이 속으로 몰고 갔다.

당장 신이 난 것은 남인들을 궁지로 몰아넣으려고 했던 노론 세력이었다. 그래서 나중에는 정조가 노론 세력이나 정순 왕후 김씨 세력에게 독살을 당했을지 모른다는 소문이 떠돌 정도였다.

〈정조실록〉에 따르면 정조가 죽던 날 서울의 삼각산이 울었다고 한다. 또 그 며칠 전에는 논에서 잘 자라던 벼들이 갑자기 하얗게 말라 죽었다는 기록도 있다. 농부들은 그 일을 두고 나라에 슬픈 일이 생길 징조라며 걱정했다. 그만큼 조선 시대를 새롭게 개혁하려던 정조가 백성에게 끼친 영향은 매우 컸다.

이제 왕위는 정조의 둘째 아들이며 세자로 책봉된 이공(순조)이 이어받게 되었다. 정조에게는 원래 장남인 문효 세자가 있었지만 일찍이 병을 얻어 숨졌다. 이에 따라 정조는 세상을 떠나던 해인 1800년에 둘째 아들 이공을 세자로 책봉한 것이다.

순조는 열한 살에 왕위에 올랐기에 스스로 나라를 다스릴 수가 없었다. 따라서 그 무렵, 왕실의 가장 큰 어른인 정순 왕후 김씨가 수렴청정을 하게 되었다.

정순 왕후는 영조의 부인이었으니 정조에게는 할머니였고 순조에게는 증조할머니가 된다. 그런데 정순 왕후의 친정 식구들은 사도 세자를 죽이는 일에 앞장선 적이 있었다. 그 일로 정순 왕후는 정조가 왕위에 있을 때는 숨을 죽인 채 조마조마하게 지내야만 했다. 하지만 이제는 입장이 바뀌어 조선의 운명을 한 손에 거머쥐게 되었다.

수렴청정 |나이가 어린 왕을 대신하여 왕의 어머니나 할머니가 나라를 다스리는 일.

▲ 정조의 무덤인 건릉

정조의 장례식은 온 백성이 목 놓아 우는 가운데 정성스럽게 치러졌다. 정조의 시신은 유언에 따라 화성의 현륭원 근처에 묻혔다. 그 능의 이름은 건릉인데 지금은 융릉과 함께 '융건릉'으로 불리기도 한다.

백성들이 왕을 잃은 슬픔을 달래기도 전에 조정에서는 폭풍우가 몰아치기 시작했다. 단숨에 권력을 얻은 정순 왕후와 노론 세력의 기세 때문이었다.

정순 왕후는 수렴청정을 시작하면서부터 조정 대신들로부터 충성 서약을 받아 냈다. 그리고 곧 사도 세자를 편들었으며 정조에게 신임을 받았던 남인

융릉 | 사도 세자의 능인 현륭원의 새 이름.

들을 모조리 몰아내기로 했다.

　이 무렵 정약용은 정순 왕후와 노론 세력이 자기 목숨을 겨냥하고 있음을 알고 있었다. 그런 마당이라 더더욱 조정의 일은 잊고 학문에만 전념하려고 했다. 이제 그에게 몰아칠 비바람을 막아 줄 사람은 아무도 없었다. 채제공과 같은 명재상도 한 해 전에 죽었고, 든든한 버팀목이었던 정조도 이 세상 사람이 아니었기 때문이다.

　정약용이 여유당이라는 호를 지었던 것은 이 무렵이었다. 여유당이란 '한겨울에 살얼음이 언 냇가를 건널 때처럼 이웃 사람들을 두려워하며 산다'는 뜻이었다. 그만큼 정조라는 큰 버팀목이 없어진 정약용은 아버지를 잃은 것 이상으로 서글펐고, 세상이 두려웠던 것이다.

　이듬해인 1801년 1월, 정순 왕후는 사학을 엄하게 금지한다는 방을 방방곡곡에 붙였다.

　…… 이와 같이 사학을 엄금한 뒤에도 지키지 않는 자가 있다면 반역죄로 다스릴 것이다. 각 고을의 수령들은 사학에 매달린 자들을 찾아내 그 종자를 모조리 없애도록 하라.

　그동안 몰래 천주교를 믿어 왔던 사람들은 드디어 올 것이 왔구나 싶었다. 하지만 대부분은 자신의 신앙을 지키기 위해 목숨까지 바칠 각오가 되어 있었다.

　정순 왕후의 명이 내려진 지 한 달도 지나지 않은 1801년 2월 8일이었다. 의금부 관리들이 정약용과 정약전의 집으로 각각 들이닥쳤다. 이제 그들의 운명은 바람 앞의 등불이나 마찬가지였다. 신유박해의 폭풍은 이렇게 몰아치

사학 | 사악한 학문의 줄임 말로 여기서는 천주교를 가리킴.

고 있었다.

조선의 천주교는 신유박해를 겪으면서 매우 큰 상처를 입었다. 이때 순교한 사람들은 이가환, 권철신, 이승훈, 정약종, 최필공, 최창현 등 천주교를 널리 알리는 데 앞장선 지도자들을 비롯해 중국인 주문모 신부 등 100여 명에 이른다. 또 정약용처럼 모함을 받아 귀양살이를 하게 된 사람들도 400여 명이 넘을 정도였다.

하지만 이런 박해에도 아랑곳없이 이미 조선 사회에 널리 퍼져 있던 천주교는 더욱 단단하게 뿌리를 내리고 있었다.

천주교인들은 곳곳에 숨어 지내면서 다시 일어날 기회만 엿보고 있었다. 이때 일어난 것이 황사영 백서 사건이었다.

황사영은 열여섯 살로 과거에 급제해 진사가 될 만큼 똑똑한 선비였다. 과거에 급제한 황사영이 정조에게 인사를 드릴 때였다.

"참으로 기특하구나. 네가 스무 살이 되면 나를 만나러 오도록 하라."

정조는 정약용의 재주를 아꼈던 것처럼 황사영과 같은 젊고 능력 있는 선비를 곁에 두려고 했다. 그런 젊은이들에게 나라의 일을 골고루 맡긴다면 자신이 꿈꾸고 있는 개혁 정치가 완성될 것으로 믿었기 때문이다.

하지만 황사영은 그 뒤 정약현(정약용의 맏형)의 딸 명련과 결혼하면서 운명이 바뀌었다. 천주교에 깊이 빠져들었기 때문이다. 그는 주위에 있던 많은 천주교인들이 배교할 때에도 자신의 신앙을 굳게 지켰다. 그러다가 신유박해가 일어나자 충청도 제천군의 배론이라는 마을로 몸을 숨겼다.

황사영이 숨은 곳은 항아리를 보관하던 토굴이었다. 그는 이 토굴에서 아홉 달이나 숨어 지내며 신유박해가 하루빨리 끝나기를 기다리고 있었다.

정순 왕후는 황사영을 어서 체포해 사형시키라고 성화였지만 그의 행방을 아는 사람은 거의 없었다. 그렇게 몇 달이 지난 1801년 8월 26일, 황심이라는 천주교인이 그를 찾아갔다. 황심은 조선에 몰래 들어온 주문모 신부의 편지를 베이징 천주교구에 전달할 정도로 신앙이 깊은 사람이었다.

두 사람은 밤새도록 조선 천주교인들이 매우 큰 박해를 당하고 있다는 점과 천주교를 살려 낼 방법을 찾아 베이징에 도움을 청하는 편지를 쓰기로 의견을 모았다. 이 편지가 바로 '황사영 백서'였다.

황사영 백서는 길이 62센티미터, 폭 38센티미터 크기의 흰 비단으로 만들어졌다. 이 비단에 모두 1만 3000여 자나 되는 글씨를 깨알같이 적어 조선 천주교의 실상을 알리려고 했던 것이다.

황심은 그 백서를 옷 속에 숨겨 베이징 천주교구에 전할 작정이었다. 하지만 그는 황사영을 만난 지 20일 만에 붙잡혔다. 정순 왕후를 비롯해 조정 관리들은 날마다 황심을 고문해 황사영이 숨은 곳을 밝혀내려고 했다. 황심은 열흘이나 계속된 고문을 끝내 이기지 못한 채 황사영이 배론에 숨어 있다는 것을 털어놓았다. 이 때문에 황사영이 체포된 것은 물론 그가 감춰 두었던 백서도 들통 났다.

황사영 백서에는 조선의 천주교인들이 박해를 당한 사실이 자세히 기록되었으며, 천주교를 발전시키기 위해 서양 함대 수백 척과 군인 5~6만 명, 무기 등을 조선으로 보내 조선 정부가 천주교를 인정하게 압박하라는 내용이 담겨 있었다.

이런 내용 때문에 조정은 다시 한 번 발칵 뒤집어졌다.

"정신 나간 자들이 아닌가? 신앙을 지키기 위해 서양 오랑캐에게 나라를 넘겨?"

참으로 심각한 일이었다. 무조건 천주교인을 탄압하는 노론 세력도 문제였지만 외국 군대 5~6만 명을 조선으로 보내 달라는 신앙심 깊은 천주교인들의 생각도 잘못된 것이었다. 따라서 황사영 백서 사건은 두고두고 조선 천주교인들이 박해를 당할 빌미가 되었다.

한편 이 사건으로 정약전, 정약용 형제는 더욱 심한 고충을 겪어야만 했다. 황사영이 체포된 지 20일도 안 되었을 때였다.

장기 지역에서 8개월 동안 유배 생활을 하던 정약용에게 의금부 관리가 들이닥쳤다.

"죄인 정약용을 압송하라는 어명이다. 어서 나서라!"

정약용은 의금부의 관리가 갑자기 나타나 서울로 끌어가려고 하자 자신이 사형당할 때가 온 것이라고 생각했다.

'저들은 나를 무슨 누명을 씌워 죽이려는 것일까?'

정약용은 서울로 잡혀가는 동안 내내 그런 생각에 사로잡혔다. 하지만 아무것도 알 수가 없었다.

며칠 뒤 국청 앞마당에 무릎이 꿇린 정약용에게 심문관이 물었다. 이때는 신지도에서 유배 생활을 하던 정약용의 둘째 형 정약전도 서울로 끌려온 뒤였다.

"네 놈은 황사영으로 하여금 서양 군대를 끌어들여 반역을 꾀하도록 했겠다?"

정약용은 비로소 자신이 다시 잡혀 온 까닭을 알 수가 있었다. 황사영은 정약전, 정약용 형제에게는 조카사위였다. 노론 세력은 그들 형제가 황사영 백서 사건을 뒤에서 조종했다는 누명을 뒤집어씌우려 했다. 정약용은 어처구니가 없었다.

"황사영이 그런 짓을 했다는 소식은 오늘 처음 듣소."

정약용이 대답했다.

"어림없는 소리! 네 놈 형제들이 배후에 있다는 혐의가 있는데 발뺌을 하려느냐?"

심문관이 다그쳤다.

"머나 먼 유배지에서 철저히 감시를 받고 있던 우리가 어찌 그런 짓을 할 수 있단 말이오? 터무니없는 모함은 그만두시오."

"모함이라? 하지만 증거를 찾는 대로 네 놈들의 목숨은 끝날 것이다."

그러나 정약용 형제가 황사영과 관련되었다는 증거는 아무것도 없었다. 결국 그들을 죽일 수 없었던 노론은 다시 정약용 형제에게 더 멀고 험한 곳으로 유배형을 내렸다.

"죄인 정약전은 흑산도로 보내고, 죄인 정약용은 강진으로 보내도록 하라!"

정순 왕후가 이런 명령을 내린 것은 바로 황사영의 온몸이 처참하게 찢기면서 사형당하던 날이었다. 나라에 역모를 일으키려는 사람은 이처럼 능지처참을 하도록 되어 있었다.

두 형제는 살벌한 서울을 등지고 다시 머나먼 귀양길로 접어들었다. 이제 떠나면 살아서 다시 만날 수 있을지 기약할 수 없는 길이었다. 다행히 흑산도와 강진의 갈림길이 있는 전라도 나주까지는 형제가 함께 갈 수 있었다.

그들은 나주 율정점에 있는 한 주막에서 마지막 밤을 보냈다. 날이 밝으면 언제 다시 만나게 될지, 서로 만날 때까지 살아 있기나 할지 알 수 없었다. 그래서 그날 밤 두 사람은 한숨도 자지 못했다.

이튿날 아침, 정약용은 둘째 형과 마지막 작별을 했다. 그리고 당시의 심정을 〈율정별〉이라는 시로 남겼다.

띠로 이은 주막집, 새벽 등잔불이 푸르스름 꺼지려 해
자리에서 일어나 샛별 바라보니 이별할 일이 참담해라.

그리운 정 가슴에 품은 채 두 사람 말을 잃어
애써 목청을 다듬건만 목이 메어 울음만 터지네.
머나먼 흑산도는 바다와 하늘뿐인데
형님은 어찌 그곳으로 가십니까?

▲ 배론 성지 | 배론은 이곳의 지형이 배 밑바닥과 같은 모양이어서 붙은 이름. 황사영이 머무르며 백서를 썼던 토굴이 있는 곳이다.

　이윽고 강진에 도착한 정약용은 한 주막집 노파가 내준 작고 초라한 방에서 쓸쓸하게 지냈다. 사람들은 아무런 죄도 없는 정약용을 흉악한 죄인처럼 여겼다. 누구도 그를 거들떠보지 않았고, 그가 머무는 곳의 담장을 무너뜨리거나 문짝을 부수고 달아나기 일쑤였다. 주막집 노파가 그를 불쌍히 여겨 방 한 칸을 내준 것만 해도 감지덕지였다.

　하지만 정약용은 이런 자신의 처지를 결코 원망하지 않았다. 그는 어렸을 때 천연두를 앓고도 거뜬히 살아났던 것처럼 신유박해 때도 목숨을 건질 수 있었다. 몇 번이나 죽을 고비를 넘겼으니 귀양살이의 괴로움과 서글픔 정도는 아무것도 아니었다.

　정약용은 그때부터 세상의 일은 까맣게 잊고 학문을 연구하는 일에만 전념하기로 했다. 평소에도 학문에 뜻이 있었던 그에게 귀양살이는 오히려 하늘이 준 기회인지도 몰랐다. 함부로 돌아다닐 수도 없고 특별히 해야 할 일도 없었기 때문이다.

그는 가장 먼저 《주역》을 꼼꼼하게 읽어 나갔다. 그리고 몇 년 동안 《주역》의 깊은 뜻을 연구해 《주역사전》이라는 책을 펴냈다. 정약용은 이 책을 네 번이나 고쳐 쓸 만큼 정성을 쏟았다.

그는 강진읍에서 머물던 8년 동안, 주막을 비롯해 몇몇 집을 옮겨 다니며 살았다. 처음에는 그를 멀리하던 사람들이 그가 모함을 받아 유배를 당한 것이라는 것과 보기 드물게 위대한 학자라는 사실을 알기 시작하면서부터는 서로 나서서 도와주려고 했다. 뿐만 아니라 그에게 학문을 배우려고 모여든 제자들도 꽤 많았다.

《주역》 | 유교의 사서삼경 중 하나로 《역경》이라 부르기도 한다.

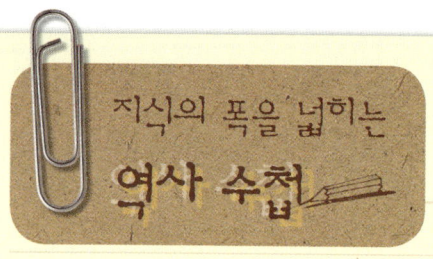

사형만큼 무거운 형벌인 유배형

조선 시대의 형벌은 매우 엄격했으며 그 종류도 많았다.

그중 대표적인 형벌은 태형과 장형, 도형, 유형, 사형 등 다섯 가지를 들 수 있다.

태형은 비교적 가벼운 죄를 저지른 사람에게 내리는 벌이다. 곤장을 1~20대 정도 맞는 정도이며 다른 말로는 볼기형이라고도 한다.

장형은 태형보다 무거운 죄를 지은 사람이 받는다. 곤장 20대가 기본이며 죄가 무거우면 100대까지도 맞는다. 곤장 100대를 맞은 사람은 끙끙 앓다가 죽을 수도 있으니 결코 가벼운 형벌이 아니다.

도형은 감옥에 가두는 형벌이다. 장형보다 무거운 죄를 저지른 사람이 이런 벌을 받는다. 도형을 받는 사람은 먼저 곤장 100대를 맞은 뒤 감옥에 갇힌다.

유형은 유배형을 말한다. 왕의 미움을 받았거나 정치적으로 배척을 당한 선비들이 대개 이런 형벌을 받았다.

사형은 나라에 반역을 일으켰거나 사람을 죽인 사람이 받는 형벌이다. 목숨을 끊는 벌로 목을 조르는 교형, 목을 자르는 참형, 경우에 따라 고통을 천천히 느끼면서 죽도록 각 부위를 하나씩 제거하여 죽음에 이르게 하는 능지처참을 하기도 했다.

▲ 곤장 형틀

이 가운데 오늘날과 크게 달랐던 형벌 중 하나가 유배형이다.

조선 시대만 해도 요즘처럼 통신이나 교통이 발달하지 못했다. 따라서 조정에서 멀리 떨어진 곳으로 귀양살이를 보내면 그 사람을 죽이는 것과 마찬가지 효과를 볼 수 있었다. 그렇기 때문에 사형을 시킬 만큼 무거운 죄를 저지르지는 않았지만 정치적으로 위험한 인물일 경우 멀리 유배를 보냈던 것이다.

이 유배형에도 죄가 얼마나 무거운가에 따라 2000리, 2500리, 3000리 등 보내는 거리가 달랐다. 또 정해진 유배 지역을 벗어나지 않는 범위에서 어느 정도 움직이는 것이 허용된 '위리'(예 : 정약용)와 한 장소를 정해 그 둘레에 가시가 많은 탱자나무를 심어 울타리를 벗어나지 못하게 했던 '위리안치'로 나뉘기도 했다.

대개 조선 시대에는 함경도와 평안도의 국경 지대나 경상도, 전라도 및 남해안의 섬들로 유배를 보내는 경우가 많았다. 유배를 당한 사람들은 나라의 사정이 크게 달라지거나 왕의 마음이 변하지 않는 한 풀려날 가망성이 없었으니 사형을 당한 것이나 다름이 없었다.

▲ 정약용의 유배지였던 다산 초당

(10. 복사꽃 활짝 핀 봄)

　정약용이 강진읍에서 다산으로 옮긴 것은 1808년 봄이었다. 다산은 강진 남쪽 귤동 마을에 있는 산의 이름으로, 산 중턱에 만덕사라는 절도 있었다. 정약용은 이 절 근처에 작은 초가를 얻어 새로운 귀양살이를 시작했다. 이때부터 그 집의 이름은 '다산 초당'으로 불렸고 정약용도 자신의 호를 '다산'이라고 지었다.

　다산 초당에서 조금 걸어가면 산기슭에 천일각이라는 작은 정자가 있다. 이 정자에 오르면 남해의 여러 섬들이 한눈에 보인다. 그 섬들 저 멀리에는 정약용의 둘째 형 정약전이 귀양살이를 하는 흑산도도 있다. 정약용은 날마다 천일각으로 올라가 흑산도에 있는 형님을 그리워했다.

　지금은 정약용이라는 이름 앞에 다산이라는 호를 먼

▲ 정약전의 유배지인 흑산도의 한 풍경

저 붙일 정도로 그가 다산에서 귀양살이를 했던 일은 역사적으로 큰 의미가 있다. 그런데 본래 초가였던 다산 초당은 먼 훗날 그를 추앙하는 후배 학자들이 기와를 얹고 반듯하게 고쳐 지어서 지금은 기와집으로 남아 있다.

다산은 이 집에서도 책을 읽고 글을 쓰는 일에만 매달렸다. 그렇게 할 수 있었던 것은 강진의 많은 선비들이 언제든지 그에게 읽을 만한 책을 보내 주었으며, 가까운 만덕사에도 수천 권의 책이 있어 필요할 때마다 빌려 볼 수 있었기 때문이다. 한편 그에게 글을 배웠던 많은 제자들이 다산 초당에 머물며 자료를 정리하고 글을 다듬는 일을 도와주기도 했다.

그 결과 그가 강진에서 18년 동안 유배 생활을 하면서 펴낸 책은 《시경강의보》, 《춘추고징》, 《논어고금주》, 《맹자요의》, 《대학공의》, 《중용자잠》, 《경세유표》, 《목민심서》, 《흠흠신서》 등 자그마치 500여 권에 이르게 되었다. 그는 또 약 2500편의 시를 짓기도 했다. 이런 시들 가운데는 그가 귀양살이를 할 때 농민들이 힘겹게 살아가는 모습을 애달파하며 지은 작품도 꽤 많다.

언젠가는 흉년이 들어 백성이 굶고 있는데 벼슬아치와 부자들만은 흥청망청 먹고 마시는 것을 날카롭게 비판하는 시를 짓기도 했다.

> 백성들 뒤주에는 해 넘길 것도 없는데
> 관가 창고에는 겨울 양식 풍성하고
> 가난한 집 부엌에는 바람과 서리밖에 없는데
> 부잣집 밥상에는 고기와 생선이 가득하구나.

지금도 자주 소개되는 다산의 시 가운데는 〈애절양〉이라는 작품이 있다.

순조가 왕위에 오른 뒤 안동 김씨의 세도 정치가 시작되면서 나라에서는 여러 가지 심각한 문제가 일어났다. 가장 먼저 왕의 권력이 약해졌고 조정의 기강이 무너졌다. 벼슬아치들은 왕의 분부보다는 세력을 떨치는 안동 김씨들의 눈치를 먼저 살펴야 할 정도였다.

더구나 각 고을의 지방관들은 제 잇속을 챙기는 데 앞장섰으며 고을의 아전들까지 나서서 백성을 괴롭혔다. 마치 코에 걸면 코걸이요, 귀에 걸면 귀걸이가 되는 것처럼 그들은 온갖 구실을 붙여 농민들에게 세금을 뜯어 갔다. 만약 관가의 창고에 쌓아 둔 곡식을 쥐가 훔쳐 먹어 처음보다 양이 줄면 그 줄어든 만큼 농민들이 채워야 할 정도였다. 이 무렵에는 죽은 사람에게 세금을 내게 하는 백골징포, 열여섯 살도 안 된 사내아이들에게 세금을 거두는 황구첨정 등이 더욱 심해졌다.

이런 사정이다 보니 농민들은 농사를 포기하고 한밤중에 온 가족이 깊은 산 속으로 도망가는 일이 흔했다. 또 그런 곳에서도 살아갈 형편이 안 되면 스스로 산적이 되어 지나가던 나그네의 봇짐을 털기도 했다.

그렇다고 관가 아전들이 도망간 사람들을 가만히 내버려 두지는 않았다. 도망간 사람들의 이웃이나 친척들에게 세금을 악착같이 받아 내 정해진 목표를 채우는 게 그들의 일이었다. 이를 족징, 인징이라고 한다.

이렇게 되자 홍경래의 관서 지방 농민 봉기를 비롯한 수많은 민란이 일어났으며 어느 때는 홍수나 가뭄까지 겹치기도 해 백성은 더욱 비참한 나날을 보냈다.

다산은 이런 모습을 지켜보며 울분을 감출 수가 없었다. 언젠가 그는 한 농부의 비참하고 슬픈 이야기를 들었다.

어느 날 갈밭 마을에 살던 한 농부의 집에 아전들이 들이닥쳐 외양간에 있던 소를 끌어가려고 했다.

"어째서 남의 소를 끌어가는 거요?"

농부가 아전에게 물었다.

"내야 할 군포를 안 냈으니 소라도 끌고 가야겠다."

"관아에서 매긴 군포가 당치도 않으니까 그렇지 않소. 어째서 갓난아이에게도 군포를 매긴단 말이오?"

그 농부의 아내는 사흘 전 아들을 낳았다. 그런데 이 사실을 알게 된 아전들이 그 갓난아이의 이름까지 군적에 올려놓고 세금을 내라며 횡포를 부렸

<u>족징</u> | 도망간 농민의 일가친척에게 세금을 거두는 일.
<u>인징</u> | 도망간 농민의 이웃들에게 세금을 거두는 일.
<u>군적</u> | 군대를 가야 할 장정들의 이름을 적은 장부.

던 것이다. 조선 시대의 평민들 중 남자는 열여섯 살부터 예순 살까지 병역의 의무가 있었다. 그때 군대에 갈 수 없는 사람들은 해마다 군포로 세금을 바쳐야만 했다. 그런데 아전들은 갓 태어난 아기마저 군적에 이름을 올린 뒤 농민들을 착취했던 것이다.

"소를 뺏기지 않으려면 어서 군포를 내란 말이다."

아전들이 막무가내로 소를 끌어가려고 하자 울화가 치민 농부는 갑자기 낫을 집어 들고 외쳤다.

"새끼를 낳은 죄가 이렇게 큰 줄 몰랐소. 다시는 자식새끼를 낳지 않도록 이걸 잘라야겠소. 에잇!"

농부는 말을 끝내기도 전에 자신의 생식기를 잘라 버렸다.

정약용이 그 이야기를 듣고 눈물을 흘리며 쓴 시가 바로 〈애절양〉이었다.

……말과 돼지 거세함도 오히려 가여운데
하물며 후손 이루려는 사람에게 있어서랴.
권세가들은 평생 동안 풍악이나 즐기면서
쌀 한 톨, 베 한 치도 바치지 않는구나.
모두 같은 나라의 백성인데
어찌 이리도 공평하지 않은가…….

다산은 강진에서 귀양살이를 하면서 만덕사의 혜장 스님을 비롯해 여러 학자들과 친하게 지냈으며 때로는 밤새도록 토론을 벌였다. 또 그에게 글을 배우려고 찾아온 강진과 해남의 제자들을 가르치기도 했다.

하지만 그가 마음을 터놓고 깊은 이야기를 나눌 수 있었던 사람은 둘째 형 정약전이었다. 두 형제는 귀양살이를 하는 동안 한 번도 만나지 못했다. 서로 오갈 수 없었기 때문이다. 다만 편지로는 소식을 주고받을 수 있었다. 그 덕분에 다산은 책을 쓰거나 학문적으로 토론할 일이 있으면 형에게 편지를 보내 의견을 묻고는 했다.

다산이 실학을 집대성한 학자였다면 그의 형제들 역시 다산에 버금가는 실력을 가지고 있었다. 그 예로 다산의 둘째 형 정약전은 흑산도에서 《자산어보》라는 책을 지었고, 신유박해 때 사형을 당했던 셋째 형 정약종은 《주교요지》라는 책을 남겼다.

《주교요지》는 조선의 천주교인이 쓴 최초의 천주교 교리서였다. 특히 이 책은 한글로 적혀 있어 일반 백성이 쉽게 읽을 수 있는 책이었다. 그래서 《주교요지》를 펴내도록 한 주문모 신부는 '《주교요지》가 조선에서는 땔나무보다 더 필요한 책'이라고 했으며, 황사영은 '어리석은 부녀자와 아이들도 쉽게 읽고 환히 알 수 있기 때문에 한 군데도 부족한 곳이 없다'고 말했다.

또 정약전이 지은 《자산어보》는 조선 최초의 어류학에 관한 책으로 그 의미가 크다. 모두 3권으로 이루어진 《자산어보》는 흑산도 주위에 살고 있는 물고기와 식물 등을 채집하고 세밀히 관찰해 기록한 책이다. 특히 해양 식물과 동물을 종류별로

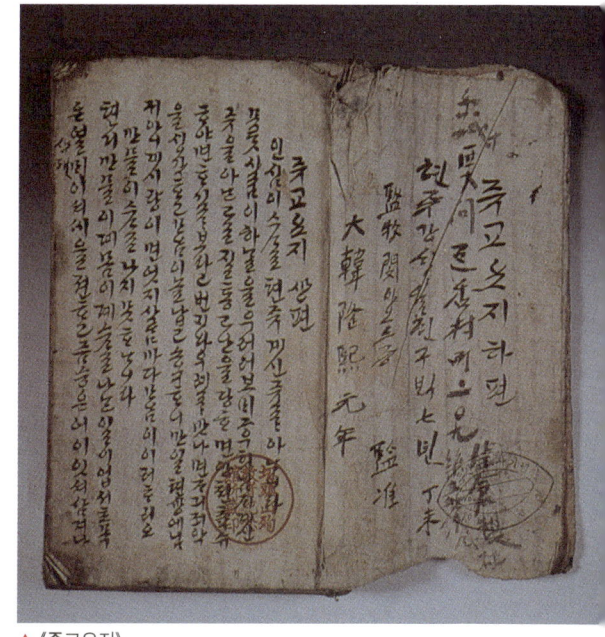
▲ 《주교요지》

구분하고 그 이름과 서식하는 곳, 형태, 습성, 이용하는 법까지 자세히 기록하여 지금까지도 수산물을 연구하는 학자들에게 많은 도움을 주고 있다.

이처럼 다산 형제들은 노론 세력의 심한 탄압을 받으면서도 다른 사람들이 미처 생각하지 못했던 분야를 깊이 연구해 책으로 남기는 업적을 남겼다.

다산은 또 고향에 있는 두 아들 학연, 학유에게 틈틈이 편지를 보내 가르치기도 했다.

……비스듬히 드러눕거나 삐딱하게 서고,
상소리를 내뱉으며 어지러운 것을 보는 사람은 경건한 마음을
가질 수 없다. 따라서 공부할 때는 몸을 움직이는 것,
말하는 것, 얼굴빛을 바르게 하는 것,

이 세 가지에 가장 먼저 마음을 기울여야 한다.
이 세 가지를 하지 못한다면 비록 하늘의 이치를 깨닫고
다른 사람보다 뛰어난 식견을 가졌다 해도 발뒤꿈치를 땅에 붙이고
바로 설 수 없는 것과 같다. 그렇게 되면 어긋난 말씨,
잘못된 행동, 도적질 등으로 흘러 걷잡을 수 없게 될 것이다.

……나는 몇 년 전부터 독서에 대해 깨달은 것이 있다.
책을 헛되이 그냥 읽기만 해서는 하루에 백 번, 천 번을 읽더라도
오히려 읽지 않은 것만도 못하다. 무릇 책을 읽는 동안
한 자라도 모르는 게 나오면 세밀하게 연구하여
그 원리를 깨달아 글 전체를 이해할 수 있어야 한다.
날마다 이런 식으로 읽는다면 책 한 권을 읽더라도
수백 권을 보는 것과 같다.

정약용의 두 아들은 이런 가르침을 받으면서 가끔 강진으로 찾아가 아버지를 뵙고 가족들의 소식을 전하기도 했다.

정약용과 부인 홍씨 사이에는 학연과 학유 형제 밑으로 네 아들과 딸 하나가 있었다. 그런데 그 아이들은 모두 태어난 지 얼마 되지 않아 죽었다. 그중 가장 늦게 태어난 농장은 정약용이 강진에서 귀양살이를 시작한 이듬해에 목숨을 잃었다. 이때 농장의 나이는 네 살이었다.

다산은 그 소식을 듣고 아들 형제에게 편지를 보내 홍씨 부인을 위로하도록 했다.

> ……참혹하고도 슬프구나. 그 애의 생애가 불쌍하구나.
> 내가 귀양살이를 할 때 이런 일까지 닥치다니,
> 참으로 서글픈 마음을 가라앉힐 수가 없구나…….
> 인생살이의 이치를 웬만큼 깨달았다는 내가 이처럼 슬픈데
> 그 아이를 낳아 직접 흙 속에 묻어야 했던
> 네 어머니의 심정은 어떻겠느냐? ……
> 너희는 아무쪼록 온 마음을 다해 어머니를 섬겨야 한다.
> 늘 정성을 다해 어머니를 모시고 너희 아내들로 하여금
> 아침저녁으로 정성껏 음식을 차려드리고 방이 차고 따뜻한가를
> 보살피며, 잠시라도 시어머니 곁을 떠나지 않게 하여라.
> 또 언제나 상냥하고 기쁜 낯으로 온갖 방법을 다해
> 어머니를 기쁘게 해 드려라.

많은 형제와 친척들이 사형을 당하거나 귀양살이를 하는 바람에 정약용의 집안은 풍비박산이 난 것이나 다름이 없었다. 그러나 일찌감치 부귀영화에 욕심을 버린 정약용의 두 아들은 가난 속에서도 책을 읽고 학문을 탐구하며 지냈다. 그 결과 큰아들 학연은 《종축회통》 등의 책을 지었고, 둘째 아들 학유는 《농가월령가》를 지어 원예와 가축 기르는 법, 농사법에 대한 자료를 남겼다.

1814년 4월, 정약용은 뜻밖에도 반가운 소식을 들었다. 조정에서 그의 귀양살이를 마치도록 했다는 소식이었다. 자그마치 14년 동안의 귀양살이가 끝나는 순간이었다. 신유박해 때 귀양을 갔던 수백 명 가운데 유배형에서 풀려

난 사람은 정약용 혼자뿐이라고 했다. 그의 둘째 형 약전도 이런 혜택을 받을 수가 없었다.

　정약용은 자신이 풀려날 것이라는 소식을 듣고는 곧바로 둘째 형에게 편지를 보냈다. 그는 유배에서 풀려나는 대로 둘째 형이 있는 흑산도로 찾아갈 작정이었다.

　하지만 아무리 기다려도 정약용을 해배시킨다는 서류는 도착하지 않았다. 정약용이 그 공문서를 기다리는 동안 둘째 형은 흑산도에서 우이도로 옮겼다. 우이도는 흑산도에 포함되는 섬이면서 흑산도보다는 뭍과 가까운 곳이었다. 약전이 굳이 우이도로 옮긴 것은 하루빨리 아우를 만나고 싶었기 때문이다.

해배 | 유배형을 풀어 줌.

그때 흑산도 사람들은 정약전을 크게 존경하고 스승으로 섬겼기 때문에 그가 우이도로 옮기려는 것을 크게 반대했다.

"선생님이 떠나시면 우린 어찌 살라고요? 제발 떠나지 마세요."

"난 하루라도 빨리 아우를 만나고 싶소. 우이도로 가더라도 여길 자주 찾아오리다."

"안 될 말씀이지요. 저희들이 잘 모실 테니까 여기 계세요, 네에?"

약전은 하는 수없이 흑산도에서 1년이나 더 머물다가 흑산도 사람들에게 간절하게 사정하고서야 우이도로 옮길 수 있었다. 그리고 날마다 바닷가로 나가 유배에서 풀려난 아우가 찾아오기를 기다렸다.

그러나 정약용은 끝내 둘째 형에게 갈 수가 없었다. 둘째 형이 우이도에서 숨을 거두고, 장례를 치를 때까지도 갈 수 없었다.

정약전이 세상을 떠난 것은 1816년 6월이었다. 그는 눈을 감으면서도 아우를 만나 보는 게 소원이었다. 하지만 그 시절은 두 형제의 만남조차 허락하지 않았다.

정약용이 해배가 되었으면서도 강진에서 풀려나지 못한 것은 정부의 해배 문서가 도착하지 않았기 때문이다. 사헌부에서는 그를 풀어 주라는 문서를 의금부에 보내라고 지시했다. 하지만 의금부에서는 일부러 그 명을 따르지 않은 채 차일피일 시간을 끌었다. 정약용이 벼슬할 때 앙심을 품었던 서용보 등이 일부러 정약용을 괴롭혔던 것이다.

그 때문에 정약용은 강진 땅을 한 발자국도 벗어날 수가 없었고 그토록 만나고 싶었던 둘째 형의 장례조차 치르지 못했다.

1818년 8월, 사간원의 이태순이라는 사람이 상소를 올렸다.

"정약용을 벌써 오래전에 해배시켰는데 의금부에서 석방 공문을 보내지 않은 것은 있을 수 없는 일입니다. 즉시 이 문제를 해결하지 않으면 심각한 문제가 일어날 것입니다."

그제야 조정에서는 부랴부랴 의금부 관리들을 꾸짖은 뒤 정약용에게 해배 공문을 보냈다.

이것으로 정약용은 18년 동안의 기나긴 귀양살이를 끝낼 수 있었다.

마흔 살에 유배를 떠나 쉰일곱 살, 할아버지가 되어 고향으로 돌아간 정약용은 4년 뒤인 1822년에 〈자찬묘지명〉이라는 글을 지었다. 이 글은 정약용이 자신의 생애를 되돌아보면서 꼼꼼하게 그 발자취를 정리한 것으로, 지금으로 치면 자서전이라 할 수 있다.

정약용은 고향으로 돌아가서도 틈틈이 시를 짓는가 하면 학문을 연구하고 책을 짓는 일에 공을 들였다. 그리고 다른 학자들과 토론을 벌이는 일도 많았다.

이렇게 지낸 지 다시 18년이 지난 1836년 2월이었다. 일흔다섯 살의 정약용은 자신의 회혼일에 참석하기 위해 모여든 일가친척들이 지켜보는 가운데 조용히 세상을 떠났다.

다산이 회혼일을 사흘 앞두고 부인을 위해 지었던 시 중 한 부분이다.

60년 풍상의 세월 눈 깜짝할 사이 흘러가
복사꽃 활짝 핀 봄 결혼하던 그해 같네.
살아 이별이나 죽어 이별이 늙음을 재촉하나
슬픔 짧고 즐거움 길었으니 임금님 은혜 감사해라……

그는 다섯 아이를 잃은 데다 남편인 자신이 20년 가까이 귀양살이를 하느라 마음고생이 심했을 부인에게 늘 미안한 마음을 가지고 있었다. 그나마 아내와 함께 회혼을 맞을 때까지 살아 있는 것이 다행이었다. 그래서 아내와 결혼할 때의 행복했던 시절을 돌아보며 시를 지었던 것이다.

정약용이 마지막으로 지었던 이 짧은 시에는 그가 부인을 얼마나 사랑했는지, 또 자신을 아껴 주었던 정조와 함께 했던 젊은 시절을 얼마나 그리워했는지 잘 드러나 있다.

회혼일 | 결혼한 지 60년이 되는 기념일.

정약용은 평생 무슨 생각을 하며 살았을까?

그는 세상의 모든 이치를 깨닫고 지식과 지혜를 많은 이들에게 돌려주려고 했을 것이다. 이런 꿈을 가졌던 정약용이 정조를 만났으며 수많은 지식인들과 교류했던 것은 그 시대와 조선의 행운이었다.

그가 남인이며, 천주교와 관련되었다는 이유로 18년이나 귀양살이를 한 것은 개인적으로는 매우 서글픈 일이었다. 하지만 그는 자신의 불행을 탓하지 않고 수많은 저술을 남겨 조선 후기의 학문과 문화를 크게 발전시키는 업적을 남겼다.

조선 후기의 위대한 실학자 다산 정약용은 우리 역사에 이처럼 빛나는 발자취를 남기고 떠나간 것이다.

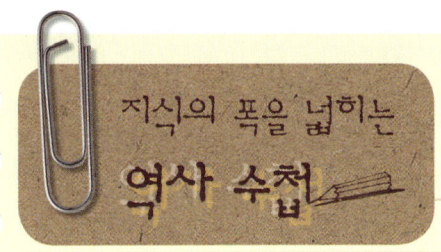

《자산어보》

정약용의 둘째 형 정약전이 쓴 《자산어보》는 우리나라 최초의 어류학에 관한 책으로 그 가치가 빛난다. 자산이란 흑산이란 말과 같은 뜻이다. 따라서 《자산어보》는 '흑산도 근처의 바다 생물에 대한 여러 가지 기록'이라는 뜻을 담고 있다.

이 책에는 비늘이 있는 물고기 71종, 비늘이 없는 물고기 43종, 껍질이 있는 조개류와 게, 거북 등 68종, 해충과 해조 45종 등으로 분류가 되어 있다.

《자산어보》가 지금도 귀중하게 여겨지는 것은 청어와 고등어가 계절에 따라 동해와 서해로 이동하는 실태를 기록해 그 당시와 비교할 수 있는 자료로 이용되기 때문이다. 그런가 하면 여러 가지 해산물의 이름을 그 무렵 쓰이던 사투리와 함께 기록해 한글을 연구하는 데도 중요한 자료가 되고 있다.

▲ 《자산어보》

깊이를 더하는
역사 수업

▶ 세계 문화유산, 수원 화성

세계 문화유산, 수원 화성

정약용은 화성을 설계하면서 성의 크기, 성을 쌓는 재료, 성벽 밑에 만든 참호, 기초 다지기, 돌 뜨기, 길 닦기, 수레 만들기, 성을 쌓는 방법 등 여덟 가지 기본 계획을 만들었다.

❶ 성의 크기
정약용은 화성의 전체 길이를 4.2킬로미터로 잡았다. 그런데 실제 성을 쌓으면서는 길이가 늘어나 5.3킬로미터가 되었다. 또 성벽의 높이는 약 7.7미터로 잡았다.

❷ 성을 쌓는 재료
성을 쌓는 재료에는 돌(석성)이나 흙(토성), 또는 벽돌(전성) 등이 있다. 흙으로 쌓을 경우 성벽에다 회를 발라야 하며 얼어 터지거나 물이 스며드는 문제가 있어 화성에는 별로 어울리지 않았다. 또 벽돌로 쌓는 것도 제때에 수십만 장의 벽돌을 만들어 낼 수 없는 게 문제였다. 이에 정약용은 화성을 돌로 쌓는 것이 가장 낫다고 판단했다.

▲ 수원 화성의 화서문

❸ 참호
정약용은 유럽의 성들을 연구하면서 성 둘레에 구덩이인 참호를 파고 물을 가두어 두면 적들이 쉽게 공격하지 못할 것으로 생각했다. 따라서 성벽 밑에 참호를 파고 참호를 팔 때 나온 흙은 성 안쪽 벽에 높이 쌓아 성을 튼튼히 만들기로 했다.

❹ 기초 다지기
건물을 지을 때 기초가 필요한 것처럼 성을 쌓을 때도 반드시 기초를 다져야 한다. 그렇지 않으면 성벽이 힘을 받지 못하기 때문이다. 정약용은 성의 기초를 다질 때 수원의 여러 냇가에서 나오는 조약돌을 이용하는 방법을 내놓았다.

❺ 돌 뜨기
성을 쌓는 데 가장 중요한 재료인 돌을 마련하는 것을 말한다. 정약용은 산에서 돌을 캘 때 미리 크기를 정해 그대로 자르도록 했다. 이때 돌의 크기를 큰 돌, 중간 돌, 작은 돌 등 세 가지로 나누었고 큰 돌은 성벽의 아랫부분, 중간 돌은 가운데 부분, 작은 돌은 윗부분에 각각 쌓도록 했다.

❻ 길 닦기
성을 쌓을 때 필요한 돌과 나무, 벽돌, 기와 등을 옮기려면 곧고 평평한 길부터 닦을 필요가 있었다. 정약용은 이러한 길을 닦아 성을 쌓을 때 이용하고 나중에는 백성이 드나들거나 장사를 할 때 이용하도록 했다.

❼ 수레 만들기
정약용은 돌을 나를 때 수레를 많이 이용하자고 주장했다. 그리고 썰매나 큰 수레 등 옛날부터 쓰던 운반 도구 대신 값싸고 편리한 수레인 유형거를 직접 설계했다.

❽ 성을 쌓는 방법
화성을 가만히 살펴보면 성벽의 모양이 구불구불하게 되어 있다. 이렇게 성을 쌓으면 일직선으로 쌓는 것보다 훨씬 튼튼하기 때문이다. 정약용은 또 성벽 높이를 세 부분으로 나누어 성의 위쪽을 아래쪽보다 밖으로 튀어나오게 했다. 이렇게 하면 성이 튼튼해지고 적들이 성벽을 타고 오르기 어렵다.

하지만 실제 성을 쌓는 기술자들은 위쪽을 내어 쌓을 경우 돌이 떨어질지 모른다며 곧게 수직으로 쌓았다.

정약용은 이러한 기본 계획을 세운 뒤 성 안의 여러 가지 시설물에 대해 자세한 설계를 시작했다. 그리고 그 내용을 정리한 《옹성도설》, 《누조도설》, 《현안도설》, 《포루도설》 등을 지어 정조에게 올렸다.

여기에서 옹성이란 성을 안전하게 지키기 위해 성문 앞에 둥글게 세우는 이중 성벽을 말한다. 또 누조란 적들이 성문에 불을 지르지 못하도록 성문 위로 물을 흘릴 수 있게 낸 구멍과 물통을 말한다. 현안이란 성으로 접근하는 적을 감시하고 뜨거운 물이나 기름을 부어 공격할 수 있게 만든 커다란 홈이며, 포루는 성벽 위에 대포, 커다란 활인 궁노 등을 설치할 수 있도록 견고하게 만든 시설물을 말한다.

정약용의 이 같은 설계에 따라 화성에는 성벽뿐만 아니라 수많은 건축물이 함께 만들어졌다. 화성의 주요 건축물이나 시설은 크게 성문, 옹성, 적대, 암문, 장대, 공심돈과 봉돈 수문, 각루로 나눌 수 있다.

○ 성문

화성에는 성의 동서남북 네 군데에 하나씩 성문이 있다. 이 가운데 장안문(북문)과 팔달문(남문)이 크고 창룡문(동문)과 화서문(서문)은 작은 편이다.

○ 옹성과 적대

옹성은 성문을 항아리처럼 둥그렇게 에워싸, 적이 성문으로 쉽사리 침입하지 못하게 만든 성벽을 말한다. 또 적대는 남문과 북문의 양쪽으로 하나씩 설치된 시설로 이곳에 대포를 놓아두어 적이 공격할 때 물리치도록 만들어졌다.

▲ 적대

▲ 옹성

○ **암문**

암문이란 성을 몰래 드나들 수 있는 비밀 통로를 말한다. 대개 성의 구석진 곳에 만들어졌으며 평상시에는 막아 두었다가 필요할 때만 드나들 수 있도록 했다. 전쟁이 일어나 군량미를 나르거나 급히 성문 밖으로 연락할 때 이용하는 문이다.

▲ 암문

○ 장대

장대란 전쟁이 일어났을 때 군사들을 지휘하는 본부를 말한다. 화성에는 팔달산 꼭대기에 있는 화성장대(서장대)와 성 동쪽의 평지에 만들어진 연무대(동장대)가 있다. 화성장대에서는 전쟁을 지휘하는 장군이 머물며 여러 가지 사무를 처리했다. 그리고 연무대는 평상시에 군사들이 훈련을 받는 곳으로 쓰였다.

▲ 동장대

○ 공심돈

공심돈은 적의 움직임을 감시하는 시설물이다. 화성에는 세 개의 공심돈이 만들어졌는데 지금은 남공심돈은 없어지고 동북공심돈과 서북공심돈만 남아 있다. 세 개의 공심돈 중 동북공심돈은 둥글게 만들어졌으며 나머지 두 개는 정사각형으로 만들어졌다. 공심돈은 조선에 남아 있는 성 가운데 화성에만 있는 시설로 군사들이 쉬거나 무기를 넣어 둘 때도 이용했다.

▲ 동북공심돈

○ 봉돈

봉돈(봉화대)은 성 밖으로 연락할 때 쓰이는 시설물이다. 화성의 봉돈에는 모두 다섯 개의 불구멍이 있는데 이 중 한 개는 매일 밤 동쪽으로는 용인 석성산 봉화대로, 서쪽으로는 서해 바다로 연락을 취했다. 나머지 불구멍은 급한 일이 생길 때 이용하도록 만들어진 것이다. 공심돈과 봉돈은 모두 벽돌로 만들어졌으며 그 모양이 빼어난 것으로 손꼽는다.

▲ 봉돈

○ 수문

화성 안에는 '버드내'라는 천이 흐른다. 버드내는 장마철에 넘칠 염려가 있었다. 정약용은 이를 대비하기 위해 화성을 설계할 때 천의 물줄기를 넓고 깊게 만든 뒤 수문을 만들도록 했다. 화성의 수문은 북수문(화홍문)과 남수문 두 군데가 있었다. 그러나 남수문은 없어지고 지금은 북수문만 남아 있다. 이 북수문 둘레는 맑은 물 흐르는 소리가 상쾌하며 화성에서 가장 아름다운 곳으로 손꼽히고 있다.

▲ 북수문

○ **각루**

화성에는 네 개의 각루가 있다. 각루는 평상시에 사람들이 모여 시를 짓거나 쉴 때 이용되며 전쟁이 일어날 때는 적의 움직임을 살피고 방어를 할 때 사용된다. 대표적인 각루로는 북수문과 가까이 있는 방화수류정을 들 수 있다.

▲ 방화수류정

화성은 이처럼 성벽 외에도 수많은 건물과 방어 시설을 갖춘 조선 후기의 대표적인 건축물로 손꼽힌다.

200년 전의 선조들이 이처럼 거대한 성과 여러 가지 건축물을 2년 8개월 만에 완성시켰다는 것은 매우 놀라운 일이다. 정조의 뒷받침과 성을 쌓았던 기술자들의 열정이 매우 컸음을 알 수 있다. 이와 함께 성을 쌓기 전 동양과 서양의 성이 가진 장점을 살려 치밀한 설계도를 만들어 낸 정약용의 실학 정신과 채제공, 조심태 등 현장을 지휘했던 관리들의 노력이 어우러지면서 화성은 세계적인 문화유산으로 거듭날 수 있었다.

화성이 유네스코의 세계 문화유산으로 등록된 데에는 특히 《화성성역의궤》의 구실이 컸다.

1997년, 유네스코의 조사관들이 화성을 방문해 가장 먼저 감탄한 것은 《화성성역의궤》를 보았을 때였다. 그리고 이때의 현장 방문이 끝난 뒤 이탈리아의 나폴리에서 열린 유네스코 세계유산위원회에서는 화성에 대해 다음과 같이 평가했다.

"화성은 동서양의 발달된 과학적 특징이 통합된 건축물이다. 특히 18세기의 동양 성곽을 대표하는 매우 뛰어난 군사 건축물로 평가된다."

역사의 기록이 얼마나 중요한가를 일깨워 주는 대목이다. 이로써 화성은 세계 문화유산으로 등록되어 우리 민족의 재능을 전 세계에 알리게 되었다.